赢在论文

谋篇

原著 ［英］蒂姆·阿尔伯特

主译 林东涛 顾良军

参加翻译人员 （按姓氏笔画排序）

孔朝霞 刘 玮 刘 艳 张 健

陈 姜 周 静 林东涛 郑明华

顾良军 康 敏 蔡和兵

中国协和医科大学出版社

图书在版编目（CIP）数据

赢在论文·谋篇/（英）蒂姆·阿尔伯特著；林东涛，顾良军译. —北京：中国协和医科大学出版社，2009.10

ISBN 978-7-81136-235-0

Ⅰ. 赢…　Ⅱ. ①阿…②林…③顾…　Ⅲ. 论文-写作　Ⅳ. H152.3

中国版本图书馆 CIP 数据核字（2009）第 146258 号

The translation of "Winning the Publications Game, third edition" is published by arranged with Radcliffe Publishing Ltd. 本书根据英国拉德克里夫出版有限公司 2008 年出版的《赢在论文》（第 3 版）译出。

出版外国图书合同登记　图字 01-2009-4751

赢在论文·谋篇

原　　著：［英］蒂姆·阿尔伯特
主　　译：林东涛　顾良军
责任编辑：顾良军

出版发行：中国协和医科大学出版社
（北京东单三条九号　邮编 100730　电话 65260431）
经　　销：新华书店总店北京发行所
印　　刷：北京玺诚印务有限公司

开　　本：850×1168 毫米　1/32 开
印　　张：3.625
字　　数：90 千字
版　　次：2009 年 12 月第一版
印　　次：2017 年 12 月第三次印刷
定　　价：12.00 元

ISBN 978-7-81136-235-0

（凡购本书，如有缺页、倒页、脱页及其他质量问题，由本社发行部调换）

作者简介

蒂姆·阿尔伯特主修新闻学，曾在地方性和全国性新闻媒体和医学出版机构工作。1990 年，他接受了培训师的训练，其后开始讲授医学专业人员写作和编辑培训课程。他最受欢迎的课程是“科研论文写作”，正是在此基础上完成了本书的撰写。他讲授“科技论文写作”共 500 次左右，对于如何开发和改进这一课程积累了丰富经验。他受聘担任英国南安普顿大学的客座研究员，主讲医学写作；同时也是《BMJ》的编辑培训顾问和出版伦理委员会的理事会成员。

致谢

谨以此书献给 Kamran Abasssi。他决定用本书的书名作为他主讲课程的名称。此事对我刺激很大，促使我在此书被人遗忘之前写完了第 3 版。

总 序

医学论文是总结、记录和共享医学科研成果或临床经验的重要手段，是医学相关知识得以传播、医学科学技术得以繁荣、进步的重要平台。对于医学工作者来说，医学论文已经成为展示自己及所在部门的专业水平和技术能力的重要依据。而对于中国的医学工作者来说，发表SCI论文更具有不言而喻的重要性——甚至，这种重要性在现实中有被夸大之嫌。

在丁香园，医学论文写作一直是众多网友关注的一个焦点。关于医学论文写作和发表的讨论总能引起很多网友的关注。即便其中存在某种功利性的考虑，但我始终认为，通过我们的共同努力，让医学工作者不再为论文写作感到头疼，让他们享受与杂志审稿人斗智斗勇的快乐，让他们沉醉于医学论文顺利发表的成就感，应该是一件很有意义的事。

丁香园早在2006年就开展了医学论文写作的全国巡回讲座，这种讲座更加侧重于实战经验荟萃，而不是空泛的理论。我们的一句口号是："让大家看了就能懂，懂了就会用，用了就有效"，用自己的亲身经历去揭开SCI论文的神秘面纱。北京、上海、杭州、成都、重庆、哈尔滨、长沙、南昌……在全国巡回讲座的所到之处，我们总能感受到广大医务工作者希望了解医学论文写作、尤其是SCI论文写作的热情。我想，何不将这些经验总结起来，用图书的形式更系统、更有针对性地向读者介绍SCI论文的写作之道呢?

一个偶然的机会，我得知四川大学的林东涛老师与中国协和医科大学出版社合作，拟引进英国著名的医学论文写作培训专家蒂姆·阿尔伯特的专著《赢在论文·谋篇》（Winning the Publications Game)。这本书篇幅虽然不长，但却简明扼要地阐述了医学论文写作和发表过程中需要关注的问题。尤其难得的是，蒂姆曾长期担任知名期刊编辑，并自1990年以来一直在开展论文写作培训工作，具有大量"实战经验"可以分享。其中的"智谋"自然可以为广大医务工作者借鉴。不过，囿于篇幅限制，这本书对于国内读者来说可能不够解渴，国内读者所关注的研究设计、数据分析、国际期刊概况乃至论文遣词造句、图片处理、回复审稿人意见等均未在蒂姆的书中涉及。有鉴于此，我们邀请丁香园网站的骨干版主——温州医学院的郑明华医生牵头，组织丁香园优秀网友，群策群力，通过"网络合作"的方式编成了一本篇幅更大、涉猎内容更广、体系更为完整、更具有中国特色的《赢在论文·术篇》。相信这本集丁香园网友智慧和汗水于一体的书能为国内医学工作者的论文撰写再助上一臂之力。

正如《Clinical Risk》主编、《BMJ》副主编哈维·马克维奇(Harvey Marcovitch)在为《赢在论文·谋篇》中文版专门撰写的序中所言，并不是说只要研究资料或临床发现是准确的，你据此写成的论文就一定品质上佳，其中的确是有一些值得注意的规律和窍门的。不过，过于强调技巧和窍门并非我们撰写此书的本意，我们只是希望用自己的一点点经验，一点点技巧，打破SCI论文发表的坚冰，起到铺路石和敲门砖的作用。当您有一天大步跨入科研圣殿，掌握科研真谛的时候，再回头看，也许这些经验和技巧已经微不足道了。但是，如果这两本书能帮助您在医学论文写作和发表的过程中少走弯路，那么，所有参与其中的策划者、作者、译者和出版者都会倍感欣慰。如果您发现其中有些经验不够妥当，或者您有更多更好的经验，也非常欢迎您在丁香园网站的论文版积极参与讨论和交流，那里还有众多高手等着和您过招。

丁香园　李天天
于杭州钱塘江畔
2009-10-20

中文版序

在我从事医学编辑工作的 15 年间，有一件事颇让我头痛：许多作者想当然地认为，只要他们的研究资料或临床发现是准确的，那么据此写成的论文自然是高质量的。事实上，许多论文，即便符合上述条件，依然可读性很差，有的甚至不知所云，让读者如堕五里雾中；读者看到这种论文，不免大打哈欠，并质疑作者何必煞费苦心写这些内容。

我们的作者基本上都是研究人员或临床医师，他们经常忘记这一原则：沟通并不是把一个装满信息的“包裹”扔给读者。对于希望从阅读过程中受益的读者来说，这个“包裹”必须先经过整理；在投稿时，里面装的东西要摆放整齐，再系上漂亮的丝带，内附一张彬彬有礼、令人振奋的留言条，向责任编辑致意。对于编辑人员来说，他们每天忙于对论文进行分类排检，对其中一小部分或一大部分投稿作出“退稿”处理（当然，退稿稿件所占的比例取决于杂志本身受欢迎的程度）；因此，作者要避免自己的作品被丢进字纸篓的命运，至关重要的一点是要在第一时间引起编辑的注意。

蒂姆·阿尔伯特的写作培训方法是他潜心研究的成果，并已得到实践的证实：它能帮助有志投稿的作者（尤其是初涉此道者）克服前文中提到的种种困难。在他看来，投稿（当然不包括做研究）不啻于一场营销游戏。他建议作者把自己当作一名供货商，目的就是说服客户（也就是期刊编辑）接纳他的货物。当然，伪劣产品绝无成功的可能。阿尔伯特指出，你必须做好充分的准备工作，同时，确保自己的论文遵循一些最基本的标准：原创性、显著性、首次发表、可重复性、符合适宜的伦理标准。

《赢在论文·谋篇》列举了论文写作和投稿的一些基本步骤，在此基础上各研究小组可以最大程度地增加论文发表机会。此外，作者也可以避免一些常见的疏忽之处，例如，蓄意或无意中形成的署名权争议、重复发表以及剽窃等等。

阿尔伯特所提出的一篇论文只能有一个要点（message）的观点（见第17页）也是不证自明的。不过，在现实生活中，退稿的原因常常就是因为编辑以及审稿人都无法确定该论文所要传达的到底是哪个要点。阿尔伯特指出，应先选择期刊再动笔写作，而不是先写后选。这种观点可能会让某些作者颇感新奇。不过，如果我们回归市场营销的基本原则，一切也就顺理成章了：我们当然不会把货物发送给某个不销售该货物的商家。

大多数作者（不仅仅是以非母语撰写论文的作者）都把遣词造句、组织段落视为畏途。阿尔伯特从期刊运作的基本规律出发，总结了一些行之有效的技术，可供科研写作参考，比如：如何将理念从大脑转移至白纸的蜘蛛图，如何将其转化为传统的、科学期刊广泛采用的IMRAD结构，以及如何理解科研期刊不同栏目的常用结构等等。

我相信，这本短小的指南可以帮助那些失意者在通向成功的路上走得更远。然而，作为一名编辑，我不得不承认，如果本刊所有的投稿者都是依据阿尔伯特的建议来撰写论文的，那么，我的人生本可以变得更轻松和更困难。“更轻松”是因为会有更多的优秀稿件摆在我面前；“更困难”是因为我将难以从中取舍。

哈维·马克维奇（Harvey Marcovitch）
《Clinical Risk》主编，《BMJ》副主编
《Archives of Disease in Childhood》前主编
英国出版伦理委员会前主席

（林东涛　顾良军　译）

英文版原序

“爱信不信。”这是蒂姆·阿尔伯特在向学生讲授如何撰写科研论文时的口头禅。他的新作《赢在论文》(Winning the Publications Game)(第3版)即将问世，由其首创的10步法自然会在其中一一呈现。我们俩向来信服他的理论，故不揣鄙陋撰写这篇序言。无论是我们自己，还是我们所在的研究所，在发表研究成果时都曾得益于作者诙谐多智、颠覆传统的教诲，相信读者亦当如是。

蒂姆·阿尔伯特的这本书旨在指导读者如何发表论文。这一点恐怕与市面上众多关于如何撰写论文的书有很大区别；而在我们看来，也许更为重要。在撰写论文时遵循明晰的体例格式固然要紧，在这方面本书也提供了一些行之有效的技巧；然而，当你把论文投向一个目标期刊后，如果你无法说服编辑为什么应该发表你的论文，那么，一切都徒劳无功。蒂姆本人既干过记者，又当过编辑，因此，凭借在出版领域浸淫多年的经验，他将告诉你：在投稿之前，你需要懂得哪些知识？为什么？他没有简单地谴责“科学的腐败”；相反地，他兴致勃勃地对这个我们经常予以诟病的体系一一加以解构，描述了合理的替代方案，指导读者如何迈步前行。

我们甚至不妨把这本书命名为《循证写作》。今天，“循证”一词既然已经泛滥成灾，蒂姆·阿尔伯特也就借用了这一概念来解释他的理念。在他看来，作者可以利用已发表的东西(即证据)，以最适宜的方式来挑选合适的期刊、搭建文章结构、选择标题和阐释研究成果。在第3版中，蒂姆也充分利用了他在平时讲课中积累的材料来指导论文作者如何做到这一点。例如，他进一步阐明了在一篇论文的各个部分中应安排多少个段落才比较合适。“生命、宇宙与万事万物的终极解答”并非42[注]，而是2、7、7、6（见第5章）。

给一本传授“撰写”之道的书撰写《序言》，这需要何等的勇气！因为这意味着我们俩已经登堂入室，恪守为文之道。不过，除了挂一漏万地提一些蒂姆的智慧外，我们俩也还不算太拖拉地完成了这篇368个单词的大作，所要传递的惟一信息便是：“买这本书吧！”

马蒂亚斯·埃格尔（Matthias Egger）
伯尔尼大学社会和预防医学研究所流行病学和公共卫生教授
布里斯托尔大学临床流行病学教授

尼克拉·劳（Nicola Low）
伯尔尼大学社会和预防医学研究所高级医师
布里斯托尔大学流行病学和公共卫生医学高级讲师

（顾良军　林东涛　译）

[注] 出自《银河系漫游指南》（The Hitchhiker's Guide to the Galaxy）。该书是英国作家道格拉斯·亚当斯（Douglas Adams）的著名科幻小说系列的第一部。原文“What is the answer to life, the universe, and everything”（其答案是“42”）已成为英语新成语，在网络上和日常生活中广泛使用。— 译注

第 3 版前言

《赢在论文》的前两个版本素以颠覆传统而为读者所称道。我希望第 3 版仍能延续这一风格。

我长期从事写作培训工作，其间便萌生了写这样一本书的念头。我发现：一篇论文能否发表，其障碍不在于数据不全、文笔很差或作者疏于构思，而在于缺乏真正的支持。批评的声音总是绕梁不绝（其中多数彼此抵牾），但它们对于如何组织好从构思到发表的整个工作流程来说基本没有什么帮助。完成论文的撰写和发表本来是一项直截了当的工作，但在一些教授的推波助澜之下，一定程度上已被拔高为一个神秘兮兮的“上帝的恩赐”。其后果当然也就成了：已经登堂者欣欣然入室，尚在门外的发现连找到门都很困难，即便后者同样才华横溢。因此，我们要颠覆这一传统，要鼓励每个人都去发表论文，因为实际上并不至于如此困难。作者所需要的，是合理可靠的数据、积极乐观的精神面貌、一小段固定的时间（例如，每天 15 分钟）、以及一个体系。因此，本书的核心内容过去是、现在仍是一个基本的 10 步骤流程，它覆盖了从构思到发表后相关工作的整个过程。这一体系大大地别出心裁（例如，它告诉作者：你不应该在身陷各类资料重重包围的状态下进行写作），但似乎的确行之有效。曾经有一位教授在百忙中给我写了这样一封信：“太感谢您了。拜您所赐，我们的研究小组已成为英国西南部研究成果最为丰硕的团队之一，在国际上也已取得领先地位……显而易见，如果不是因为拜读了您的书，我们现在还在黑暗中摸索。”这封来信令我倍感欣慰。

在第三版中，我对关于构思（planning）和结构（structure）的几个章节作了调整，因为已经有了一个科研论文的模板（很多读者可能都还没发现）；有了这个模板，连构思都变得更轻松了。"投稿"（submission）部分当然也有改动，因为现在很多作者都只需在自己的电脑上点击"发送"（SEND）键即可，无需亲临邮局。随着新要求和新规定的出炉，现在作者在撰写论文前需要遵守一些新的注意事项，此外还有一堆伦理学问题，如作者署名权和利益冲突。国际医学杂志编辑委员会（International Committee of Medical Journal Editors，前身为温哥华小组）公布的《生物医学期刊投稿的统一要求》已有所修订。随着培训班学员的评语不断倍增，我也从中援引了一些新的隽语警句作为每一章的开场白。

本书的撰写和修订自始至终是一项愉快的工作。在此，我要感谢那些通过不同途径给予支持的人们，他们有的花钱来听我的课，有的驳斥我的观点，有的提出了尖锐的问题，有的向我发送一封封不请自到的电子邮件（当然也有的是应我之邀而写）。其中尤其值得一提的名字有 Mary Banks、Andrew Hattersley、Harvey Marcovitch、Pete Moore、Gordon Macpherson、Michael O'Donnell、Richard Smith、Geert-Jan van Daal、Liz Wager、Ruud Weustick、Bill Whimster 和 Alex Williamson。感谢 Andrew Bax 和 Radcliffe 出版社允许我第三度增删拙作，也要感谢 Matthias Egger 和 Nicola Low 慨然为本书作序。

最后，要非常、非常感谢拙荆 Barbara。她在我撰写和修订本书的过程中，一直不离不弃，并适时扮演着怀疑论者、后勤人员和高水平助理编辑的角色。

蒂姆·阿尔伯特（Tim Albert）
2008 年 11 月
（顾良军　林东涛　译）

目 录

第1章　了解游戏规则

一旦你意识到写作不过是场精彩的营销游戏，就会真正乐在其中。

写作流程

本书的目的是帮助你学会撰写科技论文，并发表在同行评议的期刊上。换句话说，就是让你为业内所认知。其内容不是教你如何“做科研”，而是协助你将科研成果转化为论文并予以发表。

近20年的从教经历使我萌生了写作本书的念头。在为医生和其他科研人员教授写作的逾千堂课中，我感触最深的是：

1　他们中的许多人会因为没能发表论文而感到失败

2　几乎没有人真正获得过如何发表论文的建设性意见。

阴谋论者看来似乎有了用武之地。他们认为那些掌握了发表秘笈的人，无疑是因为某种显而易见的原因，不愿将经验传授给年轻的对手。显然这并非事实。肯耐心指导年轻同僚的前辈学者从来就不乏其人，市面上也多的是指导科技论文发表的优秀书籍。

然而不知何故，这些努力收效甚微，许多试图写作的人仍然不知从何下手。或许这就是科技写作的独特之处。相对于其他类型的写作，科技写作已被提升到过于专业化的高度。很多“业内人士”往往津津乐道于一篇“好”的论文应该满足何种条件，但却几乎从未提及该如何着手准备和如何落笔。

当然，有关写作“流程”（process）的信息已浩如烟海；对于那些立志于从科学研究的小天地走向专业传播的大世界的科研人员来说，随时随处都可获得这方面的信息。我坚信无论何种类型的写作，都必须遵循某些基本的原则，并尝试将专业作家的写作手法和技巧融入于科技写作中，将“科技写作”简单地还原为“写作”。这也正是本书的立足之处，即便其中某些观点可能会有冒天下大不韪之嫌。或许下面的例子可以成为以上文字的注脚。我曾收到这样一封学员来信，信中写到：“在参加你的课程之前，我的一篇论文被《BMJ》退稿。在听了你的课程之后，我重新修改了这篇论文，现在已被《The Lancet》录用。”

本书将写作流程分为简单的10个步骤，图表1.1中列举了其中某些主要问题和解决该问题的相应章节。我希望向你传递这样的感受：写作是一个痛并快乐的过程（比如本章开篇的7段文字，我就至少起草了20遍），能够得到收获甚至是解脱的乐趣。它并非一个遥不可及的梦想；在很大程度上，它取决于作者的心态，因此要实现它也并非难事。

图表1.1 作者常见的问题

缺乏写作时间	见第2、3章
没有好的标题	见第3章
不知从何入手	见第3章
写得太多	见第3、4章
难以停止研究	见第4章
文章构架困难	见第5章
写作过程漫长而痛苦	见第6章
拼写和（或）语法错误	见第7章
何时撰写篇名和摘要	见第8章
文章总是被改动	见第9章
目标期刊的选择	见第10章
论文质量的确定	见第10章

听起来这似乎更象是一本励志书籍；若果真如此，倒正合我意。

科技论文的本质

科技写作的类型有多种（图表1.2），本书主要介绍了原创性科技论文的写作方法，因为它已经成为科技写作的主流形式。科技论文具有特定的写作格式，从表面上看，它似乎与其他类型的写作少有共同之处。然而我认为事实恰恰相反：撰写科技论文的基本写作原则也同样适用于其他类型的写作，比如报告、信函、备忘录、标书和病例档案。本书也将遵循这些原则。

图表1.2 不同类型的科技写作

论著	介绍作者本人的研究成果（2000~3000个单词，有时更多）
病例报告	报告能够提炼出新观点的个案（600个单词）
综述	总结他人已发表的研究成果（2000个单词）
系统性综述	有组织地分析他人已发表的研究成果（2000个单词以上）
述评	评价他人已发表的研究成果（800个单词）
书评	评价他人阐述的观点（400个单词）
读者来信	对杂志中的内容提出建议（400个单词）
区别于……	
考试论文	在规定的时间内写就的针对他人观点的评论

科技论文由来已久，最早可追溯到17世纪中叶，此后经过一系列发展（图表1.3），现已形成一套复杂、完善而又国际化的流程。科技论文按照特定英文体例书写，基本形式为2000~3000字的单一研究成果报告，标准结构包括前言、方法、结果和讨论（IMRAD结构，后来又出现了更多的条目）以及其他特定项目，如篇名、摘要、关键词和参考文献目录。

图表 1.3　科技出版发展里程史

1665 年	科技期刊在英、法两国诞生
19 世纪 20 年代	专业期刊诞生
19 世纪 70 年代	文后出现参考文献
20 世纪 20 年代	文后出现内容提要
20 世纪 30 年代	论文中开始出现统计学数据
20 世纪 50 年代	IMRAD 格式开始推广
20 世纪 60 年代	文后提要演变为摘要出现在正文前
20 世纪 70 年代	引入数据库
20 世纪 80 年代	首届同行评议国际会议
20 世纪 90 年代	出现电子期刊和电子投稿
21 世纪	开始关注出版伦理、开放存取

人们普遍认为杂志的主编理应专业过硬，为人正直。当一名或数名作者向杂志投稿时，主编将严格把关，来决定接收还是拒绝稿件。他们通常会借助一套复杂的同行评议体系，邀请与作者同领域的其他研究人员为杂志审稿。

稿件的录用标准通常包括以下几点：

- 原创性：是否创新？
- 重要性：能否反映一个重大进展？
- 首发性：是否在别处发表过？
- 可重复性：能否被重复？
- 伦理性：是否符合公认的伦理标准？

每周都有数千篇论文发表在国际综合性期刊（其中有些是由多国出版集团运营的）或小型专业期刊（由某一国内部对某一专题感兴趣的一批专业人员创办）上。其中许多论文已被国际数据库收录，因此这些研究成果一经发表即可在短时间内传遍世界。很多期刊目前已经开始发行电子版。

这套出版体系看起来令人肃然起敬。知识以原创性论著（科学的基石）的形式不断得到认可、发表和传播。它兼具深邃的思想和完美的外观。

科技论文面临的问题

然而，我们也不得不承认这一体系的不成熟甚至是不容乐观的一面。《BMJ》前主编 Stephen Lock 博士曾撰文道："科技期刊的社会功能非常匮乏，许多论文从未被阅读和引用；许多论文质量低劣。总的来说医学期刊的实际作用也少得可怜，几乎无法帮助医生解决在临床工作中遇到的问题。科技论文已经背离了交流科学发现的初衷，演变为学术活动的秀场。基金捐赠团体如今是依据科研论文的数量而非质量来提供资助的。"[1]

期刊的质量难以如我们期望的那样时时保持上乘，其存在的主要问题是，由于同行评议体系自身的复杂性，难以保证差的论文一定被退稿，优秀的论文一定被发表在最适当的期刊上。作者从发表过的论文中复制数据（抄袭），将同一篇论文发表两次（一稿两投），或简单编造数据（科学欺诈）的现象仍屡见不鲜。

并非所有的审稿都能确保论文质量上佳、不会鱼目混珠。他人的评价固然重要，但也存在因循守旧的可能。还有一种危险是，当论文得到认可予以发表时，已经塞进了很多来自审稿委员会的意见，从而失去个性。而最糟糕的情况，无疑是审稿人下意识的偏见，或毫不掩饰的强词夺理（正所谓同行相轻，一个研究组很有可能会质疑对手的研究结果，或者利用被评审论文中的资料来推动自己的研究）。

对于论文作者而言，所有这些都使科技论文发表变得极为困难。发表论文已不再是是简单的学术观点争鸣和名字变为铅字；仅仅因为易于量化，它已成为评估研究人员个人或研究团队价值（基金资助）的主要影响因素之一。

不幸的是，这会导致极度的不公正。我班上的一位青年学者曾经有过这样的经历：她的论文被一家知名期刊录用，数月来她一直追踪这本刊物却未见其论文踪影，最后只好致电编辑部工作人员，结果被告知她的稿件被放错地方，虽然现在已经找到，但由于主编认为文中的数据已经过时，因而不能再发表。这名作者非常难过，她认为自己达到了标准，却未得到相应的荣誉，甚至不能在个人简历上添上一笔。但是，这位主编也是忠于职守。如果他认为读者不会再对这篇论文感兴趣，就不该将其发表。

无情的现实是，我们评价科学的主要方法竟然最终依赖于商业化的运作体系。主编们要承担许多责任，并不得不协调各种压力（图表 1.4），但是他们的一个主要任务是确保刊物继续存在。基于这个原因，期刊所发表的论文必须被阅读和引用。如果不能满足这点，刊物就只能关门大吉。正如《纽约时报》的医学通讯记者 Lawrence K Altman 所提醒的那样："科技期刊虽然代表学术，但同时也是一项产业。北美的医学和外科学杂志每年有超过 30 亿美元的广告收入。"

图表 1.4　主编面临的压力

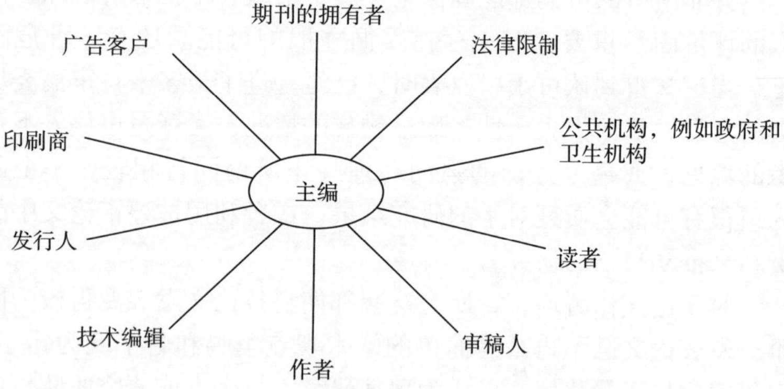

“好论文”自然会得到认可的传统观念无疑是不切实际的。但是，那些热切希望发表论文的作者究竟该怎么办？

营销——一个庸俗但令人鼓舞的手段

摆脱困境的方法就是停止去想什么“科技论文是评估个人价值的途径”，而应更多地将其视为商业出版体系的一个部分。期刊需要好的论文，每个编辑的终极梦魇都是没有足够的文章去填充版面。作为一名潜在的供稿人，你拥有一个绝佳的机会：如果你将正确的产品提供给正确的市场，就一定能做成这笔买卖——发表你的论文。

这意味着你将重新定位一切：把自己视为厂商，自己的文章视为产品，你的目标就是劝说顾客（编辑）“购买”你的产品。这样一来，你就不必绞尽脑汁地去写你一篇“好论文”（事实上何谓“好论文”从来没有一个统一的标准），而只须完成一项可能完成的任务——在自己选择的期刊上发表文章。

该方法具有几个优点。你可以明确自己的成功途径。如果投稿失败，不会苛责自己是一名不称职的医生或失败者。如同许多其他厂商一样，你只是执行了一个错误的营销方案。当然，你还可以从中吸取有益的经验，为下一次成功做准备。

也许有人会认为公然用商业术语谈论科技论文流于庸俗，而且贬低了科学的身价。然而这是事实。我并非教唆你去写垃圾文章或是编造数据，只是鼓励你将写作视为可以学习的技能，而非上帝的恩赐。一旦拂去科技论文表面的神秘面纱，就会有越来越多的作者跻身于期刊的世界，这无疑会进一步提升论文和期刊的品质。

对本书读者的建议

撰写本书的目的，就是使未来的读者不必在貌似优秀的写手面前自惭形秽。写作并非一件高不可攀的事情，你大可以把它当成一场游戏，而且游戏的规则非常简单：只要把写好的论文成功地推销给你首选的杂志，你就是胜利者。

> 在阅读第 2 章之前你应该明白：
>
> - 你完全可以发表自己的论文从而赢得写作这场游戏，不要让任何人打击你的信心。

推荐读物

Smith R（2006）*The Trouble with Medical Journals.* Royal Society of Medicine Press, London

在本书的前两版中，我曾推荐由《BMJ》前主编 Stephen Lock 编写（他当时即将离任）、并于1991 年出版的一本书[1]。我在书评中引述了继任主编 Richard Smith 的文字。他写道："我确信整个医学期刊，尤其是那些用英文出版的期刊，一定拥有一个光明的未来。然而无论何种杂志，只要不停办，就必须进行改革。经过早期的停滞不前之后，电子出版方式将会日趋重要，但普通的纸媒期刊仍将继续存在。事实上，未来数十年医学专业领域的震荡和变革，必将使综合性医学期刊回归专业交流的正途。"

18 年后的今天，本书出版，而 Richard Smith 业已离开《BMJ》。18 年的主编经历似乎使他不再盲目乐观。他在本书中断言："医学期刊存在很多问题，必须进行改革。"在这些问题中，最危险的莫过于同行评议体系：“一个弊病丛生、能自圆其说但显然收效甚微的过程”。他还探讨了其中涉及的利益集团可能造成的恶劣影响，例如主编（想提高杂志的影响因子）、医药公司（想提高销售量）和作者（需要将自己的文章发表在显著位置）。这已经导致各种违规行为，如一稿两投、冒充作者，或为美化文章而编造数据。[3-5]

那么，阅读本书究竟能给初学写作者带来怎样的帮助呢？我想，至少是让他们变得更为理性吧。正如Smith所言：“科学家们可能会成为自己华丽辞藻的牺牲品：他们想当然地将科学视为一项完全客观的事业，不会被人类的主观和瑕疵所玷污。然而事实并非如此。科学仍然只是一项人类活动。”当你在论文发表的道路上痛苦前行时，谨记上述文字将会使你受益匪浅。

（孔朝霞　译）

第 2 章　了解自己

“我想我更愿意去垂钓。”

你真的想要写作吗?

撰写一篇科技论文最重要的部分不是资料或数据本身，而是你自己。

如果你有著书立说的强烈愿望，那么，你必须对自己的生活做出某种改变。你得孤独地加班，还会面临许多其他烦恼。你还不得不竭尽全力时刻保持机智的头脑、乐观的态度和坚定的决心。有一段时间你甚至会发现自己好像正在创造一个怪物，它正残忍地吞噬着你生活的方方面面（包括你所爱的人的生活）。

因此许多人半途而废也就不足为奇了。他们留下的是尚未完成的手稿和满脑子充满希望的想法，但是再也不会有任何结果。他们很可能就是那些曾经向你大肆宣扬应该怎样写文章的人。他们也许对任何其他人的作品不屑一顾，但在内心深处他们何尝不愿出人头地呢?

一名（出色的）作者与常人的区别很简单，即：他能有始有终，坚持完成写作任务。关键原因并不在于各人知识或技能的多少，而是时间管理。能够有效管理和利用自己资源的人就是成功的作者。

一开始你就必须完全清楚为什么要发表文章。这是很多看似简单但极具欺骗性的问题之一。一旦有勇气提出这个问题，你最好能够罗列出所有动机，即便其中某些动机你可能未曾很好地挖掘过。

最常见的动机往往也是最令人感到尴尬的：发表文章是职业发展的需要。这并没有什么可难为情的，这就是当代生活的现实：如果不积极竞争，你就会被淘汰。人在职场，身不由已。

有些人说他们的写作目的是与别人分享自己的发现。还有人把写作当作一个自我探索的过程：写文章本身就是一种自我价值的体现。换言之，就像爬山一样，因为有山，所以爬之。也有人把自己当成传教士，觉得写作是一种自己的责任，其他人发表的东西都是糟粕。还有人则认为他们之所以写作，纯粹是他们所属学科的要求。

关于写作动机，在公众场合无论你说得如何冠冕堂皇，私下里都必须诚实地面对自己。如果你自己都不知道为什么要发表文章，那么你怎么衡量自己是否正向着预定目标迈进呢？我清楚地记得有这样一名学员，他在上课的第二天跟我说他很喜欢听我讲课，也学到了很多写作技巧。但是，之后他又说自己工作非常忙碌，还有家庭需要照顾，最后他决定：为了更好地利用自己宝贵的时间，他选择去垂钓。

他的确很清楚自己该干什么。

目标——你真的能够实现吗？

你一旦明白自己为什么要写作，就可以开始制定一些比较现实的写作目标了。例如，如果你 38 岁之前希望成为一名教授，那么就需要在接下来的一年内在知名刊物上发表 3 篇文章。如果仅仅想为自己的简历添加一点素材，那么你可以考虑制定一套截然不同的计划（图表 2.1）。

图表 2.1 制定写作目标

A 计划：你的写作目标是什么？

12 个月内在知名刊物上发表 3 篇文章，争取 38 岁以前成为教授

你手头上有什么素材？

研究 A 已经暂时被接受；研究 B 刚完成终稿；研究 C 还需要最终数据。

你有时间写作吗？

每晚睡前 15 分钟和周日上午 2 小时

接下来6 个月内的具体写作目标是什么？

- 修改文章 A（已被《The Lancet》杂志初步接受），准备一周内寄出
- 为文章 B 写一封投稿信
- 2 周内寄出文章 B 和投稿信，以及跟合著者签署最后同意书
- 4 周内完成文章 C 初稿
- 6 周内回顾工作进度。

B 计划：你的写作目标是什么？

充实自己的简历，增加一篇发表在较高档次刊物上的文章

你手头上有什么素材？

一份病史；可能与另外 2 个研究中心合作开展重要研究

你有时间写作吗？

利用下班时间，持续 2 周，然后每周一个晚上。

接下来6 个月内的具体写作目标是什么？

- 决定是做病例报告还是着手进行重要研究
- 约见系主任征求意见和建议
- 买一台新手提电脑
- 读完本书
- 3 个月内回顾工作进度。

你必须清楚地知道自己该做什么。例如，如果你想要发表一篇论著，可手头的资料只适合写一篇病例报告，那就有点麻烦。你可能得制定自己的研究计划，或者找一份新工作，以便有更多的时间做科研。但现实并不这么简单，而且你也不一定能够采取如此激进的做法。另外，你可能不过是某个大团队中的小人物，

在整个团队撰写研究报告时你的作用非常有限。因此，重要的是面对现实：当没有什么合适的东西可写，也并非你的过错时，不要就自暴自弃地认定自己不擅写作。

管理时间

怎样找到时间进行写作呢？写作所占据的这种稀缺商品——时间，永远会比你计划的更多。我们每个人每天都拥有 24 小时，然而我们区别于其他人的地方就在于如何利用这些时间。这意味着其中必有奥妙。

如果你能够在每周固定的时间写作，你将会发现写作没有那么痛苦。久而久之则习以为常。许多成功的作家往往牺牲部分睡眠时间进行写作，比如早上 5 点起来写作。这样也许太过偏激，但是你还可以牺牲某个喜欢的电视节目时间，或是周日晚上安排几个小时固定用于写作。千万不要以为你必须分配整块的时间。每天 15 分钟，每周 6 天，持之以恒你必将进步。这样的做法也有助于使你保持写作热情。

有人说，需要写作时自然找到得到时间。我可不赞成这种做法，因为前文提到的方法更为简便易行。

设定目标

既然已经知道写作的内容和挤时间的诀窍，剩下的事情就是略花心思来确定达成目标的方法。这就是你的目标。

不要把目标和含糊的志向混为一谈。大多数人在被问及他们的写作目标时，都会给出如下雄心壮志：

- 6 个月内写出 3 篇文章
- 放假前完成博士学位
- 2 年之内一定要发表点东西（什么都行！）

要制定可以企及的目标。这样的目标可以很简单，如阅读某刊物的《稿约》，读完一本书（比如你手头这本），或者为你的科研数据设计些图表。这些都是必须要完成的任务。如果你在不断进步，且为此心怀感激，那么生活将会变得非常愉快。

为每一个具体目标设定一个现实的期限，也为总体目标制定一个时限，比如半年或一年。抽出时间定期修正完善。几个月后你将发现自己正朝着既定目标靠近，而一年后取得的成绩更会让你喜出望外。

在阅读第 3 章之前你应该：

- 完全清楚自己为什么要写作，如何达到这个目标，以及何时能够完成。把上述三点都写下来。

（周　静　译）

第 3 章　拟定论文提纲

“关键问题是需要给出论文要点——这可能需要花 2 到 3 个小时才能完成，即便你知道所有的研究结果”。

什么时候停止研究、开始写作

写作失败的一个主要原因是读者找不到明确的论文要点，这通常是因为作者过早动手写作因而未能给出论文要点。好文章源于好构思。在准备阶段你需要花时间思考你要写什么。这个准备阶段十分重要，但常常被人们忽略。

如果你已进入这一阶段，很显然，你可能对拟写内容已有所构思。可能你只有一种假设或一项实验计划，也可能你的餐桌已堆满了资料。抵制住直接使用文字处理软件写作的诱惑，也别相信那些劝说你应当尽早开始写作的人。他们可能说，“进行文献检索并试着撰写‘引言’”，或是“在‘方法’部分把你已经做过的工作写进去。或许你可以把一些比较棘手的问题写进‘讨论’部分；这样，即使你自己对整个进度也还糊里糊涂，基本上你已经快写完了…”。

这并非明智之举。如果没有清晰的规划，你就会被细节问题困扰。你将耗费大量的时间来制作图表，追查来历不明的参考文献，从统计学到格式方面的细枝末节与同事展开冗长的讨论。这样做的的结果轻则延误了论文的完成，打击士气，重则使整个写作计划毁于一旦。

你当然不会希望在驾车时也发生类似的事情。你不会跳上车随即发动引擎。你会先想好目的地所在，并选择到达目的地的最佳路线。所有明智的商人在开发新产品前都会小心制定详尽的计划并进行市场调研，然而全世界的医生和研究人员都在花费时间忘我地撰写论文；与其在最后发现论文因存在严重瑕疵而无法发表，何不在一开始就深思熟虑呢？

留出一些时间思考，并把思考作为写作过程中的必要步骤。我把这个阶段叫作制定提纲（setting the brief，是新闻工作中的行话）。有些人做这件事时很随意，甚至是下意识的，但是我建议将其作为一个重要的步骤，在任何重要的写作开始时都要制定提纲。在这方面不要吝惜时间；你应该确定自己已准备好全力以赴地去写这篇论文。一旦提纲制定完毕，你就可以松一口气了。现在，可以在下述五个关键领域做出决定：

1 论文要点
2 拟投期刊
3 论文长度
4 截止日期
5 合著者

制订提纲的过程就标明了研究结束和写作开始的时间。当然，你会重新查阅资料，但是研究和写作的关系却发生了微妙的变化。从现在开始，写作为主，资料为仆。只有这样，才能确保文章表述清楚逻辑连贯和条理分明。

最后是一些注意事项。如果想要论文得以发表，你必须符合一些基本条件（详见图表3.1）。如果其中有一个问题你的答案是“否”，那么你就需要暂停片刻，并尽可能符合这些条件。如果你做不到，例如统计学家告诉你研究的样本量不能证明你的结论是正确的，或是伦理学委员会说你不能进行这项研究，那么你就要认真考虑是否应该中止该研究并另选（更）能够实现的研究。

图表 3.1 作者的注意事项

如果其中一个问题你的答案是“否”，不要开始制定提纲。

- 所收集的数据是否已能使我得出结论？
- 我是否已经获得相应的伦理委员会的批准，或是从相应的机构获得许可证明不需要得到伦理委员会的批准？
- 研究（如果是一项随机对照试验）是否已经注册为临床试验？
- 我是否遵守相应的规定（例如 CONSORT 关于随机对照试验的规定或 STROBE 关于观察性研究的规定）？
- 我是否得到其他合作研究人员的同意可以开始撰写论文？

www. consort - statement. org

www. strobe - statement. org

每篇论文只有一个要点

人们期望科技论文能够用于与他人交流研究结果。为了达到这个目的，你要做的不仅仅是将许多事实罗列在一张纸上，你需要布局谋篇，使文章各部分的关系清晰明了。如果内容组织得当，那么它们将为共同的主题服务，从而使读者阅读后能明白你想传达的想法。这就是你的论文要点。

研究中任何步骤和写作中任何阶段遇到的问题是：潜在的论文要点太多。许多人试图回避这个问题，不愿冒险找出哪个是最重要的论文要点，或是绞尽脑汁把所有的要点塞在一篇论文里。也正是这个原因，导致许多写作没能取得成功，并且读者也找不到一个清晰的论文要点。读者常常会责备自己不够聪明，读不懂论文，但这通常都是作者的责任。

不要奢望论文要点会在写作过程中自然浮现（除非你是医学 - 社科学家，因为你的导师可能持有与我截然相反的观点）。这就像是将一堆砖放在一起，然后期待着会出现一幢房子。只有一种方法能确保你的写作始终围绕一个简单的论文要点，那就是在开始写作前就要明确它。为了使论文要点尽可能清晰明了，你应该用一个10至14个单词（含一个动词）的简单句式来表述。

设想一下，你在过去的五年中进行了一项试验，检测Obecalp是否可有效用于治疗医生午饭后健忘症。你可能会觉得结果是如此的振聋发聩，以至于根本不可能用一个句子就能概括。不过，如果试一下，你不费吹灰之力就能立即想出许多句子来。

1 Obecalp is an effective treatment for post-lunchtime amnesia.

2 Obecalp is an effective treatment for post-lunchtime amnesia in doctors if given within 48 hours of onset.

3 This latest piece of research adds to the evidence that Obecalp may be an effective treatment.

4 Obecalp dosen't have any advantage over existing treatment .（如果你并不为某个制药公司工作，你可以说：Obecalp doesn't work。）

这些句子都可以作为非常好的论文要点。这些要点看来都有理有据且包含的内容大致相似。然而你所采用的具体格式却会相差甚大，这取决于你想要传达的要点是什么。

确定论文要点绝非易事。你不可能躲在黑屋子里，面对着文字处理软件或是白纸就能想得出来。你常常是在运动过程中——上班的途中、骑自行车时、或是坐在浴缸里时（Henriette Anne Klauser称之为“沉思时间”）作出决定。你需要头脑清楚、时间充足、还需要纸笔来随时记录下你的想法（用过的信封特别合适）。不妨与他人随意地谈论你的想法，但是要记住，你才是那个将要写作的人，并且你还是那个决定论文要点的人。（参见第51页的“推荐读物”）。

不要使用学术期刊的语言而要用酒馆或咖啡屋的闲谈语言。这样做不但不会使思维受限，反而有助于阐明你的想法。我们可以比较一下同一要点的不同说法。我们可以说：“Obecalp is now clearly indicated as the treatment of choice for post-lunchtime amnesia”，也可以说：

1　Doctors should immediately prescribe Obecalp to all those suffering from post-lunchtime amnesia.

2　Researchers need to test Obecalp on more people before we can decide whether we should use it.

3　Obecalp cured three of the four rats with post-lunchtime amnesia.

4　Obecalp is rubbish.

不要将论文要点与论文标题混淆。我们将在第八章谈到论文标题（用的篇幅将很短，因为撰写论文标题的时间不会超过一分钟），但是本阶段我们要强调的是，现在谈论文标题还为时尚早，否则肯定会阻碍你在接下来的几星期里的写作进程。如图表 3.2 所示，论文要点会指明你接下来的写作方向，论文标题通常仅表明论文论及的主要领域。同样，本阶段我们不想提出问题，我们想要得到答案。

图表 3.2　论文标题与论文要点

左栏是《BMJ》已发表论文的标题（2006 年 8 月 5 日），右栏是发表在期刊前面、关于这些论文的短篇报道的大字标题。注意：论文标题告诉我们论文论及的主题和方法学；大字标题均包含动词，给出了论文的要点。在写作前明确论文要点要比仅列出论文标题更有用，因为论文要点给出了写作方向和中心。

论文标题	论文要点
Mortality after Staphylococcus aureus bacteraemia in two hospitals in Oxfordshire, 1997 –2003: cohort study	Spread of MRSA increases in hospitals
Health professionals' and service users' interpretation of screening test results: experimental study	Both screened and screeners misinterpret test results
Varicose veins and their management	Manage varicose veins with conventional surgery
Triggering radiation alarms after radioiodine treatment	Radiotherapy patients can trigger airport radiation alarms

选择市场（目标期刊）

一旦确定了论文要点，就应该考虑向哪个期刊投稿。这又是一个棘手的问题。许多作者再次迟疑，直到写完论文还没能决定。他们可能希望随着写作过程的推进，这个问题会迎刃而解，或是完成的论文非常好以至于各位编辑都争抢着发表。

然而，现在就要为论文选择市场是否太早？人们对此众说纷纭。在我看来，在开始投入时间和精力写作前，就应考虑目标期刊是否可能发表你所撰写的这类论文。要是等到写完了才发现没人愿意发表你一直在撰写的论文，一切都晚了。这样做的另一个好处是，一旦决定了想要投稿的期刊，你就有依据来指导你的整个写作过程，这也有助于随后你与同事间的讨论。找到一份《稿约》（图表3.3），并阅读网站上提供的各种说明。最好还要仔细阅读目标期刊的过刊，以确定该期刊（及其编辑）希望发表什么样的论文，这对你在接下来的几周内这对的写作极具指导意义。

这样做的意义显而易见。实际上问题是，首先你怎样选择想要投稿的期刊？（图表3.4）这个问题并不好回答。你想要表达的论文要点将是有用的出发点，会极大地缩小候选期刊的范围。

另外，你需要考虑发表论文的目的。（第2章应该已解决了这个问题。）如果你想在同行中获得声望，那么你的目标是将论文发表在综合性期刊，如《Nature》、《The Lancet》、《BMJ》或《New England Journal of Medicine》。如果你想升职，那么选择影响因子最高的期刊（图表3.5）。如果你只想在小的医生团体中造成影响，那么请选择这些医生阅读的专业期刊。

图表 3.3　作者须知

所有的期刊都有投稿须知，其中既包括单独发布的《稿约》，也包括罗列作者需要了解的所有注意事项的网页（其实有些东西作者无需了解）。这类须知提供非常有用的信息，想要投稿的作者在选择目标期刊及随后撰写论文时必须仔细、经常研究须知的内容。作者还要记住，这些信息也有局限性：它们体现了编辑想要作者怎么做，而不是作者实际上怎么做，而且这些信息不能代替查找和分析期刊的实际内容。

在某种程度上，这些信息提供了重要领域的准确指南，例如怎样准备文章的格式以及提交的方法等等。这些信息还涉及到与出版有关的一些问题，例如版权分配和是否提供单行本。更微妙的是，这些信息会帮助你了解期刊甚至编辑的偏好。试分析下面两段摘录，看看不同的写作方式是否体现了编辑的某些偏好？

1 《Archives of Dermatology》发表关于皮肤、皮肤病及其治疗方面的信息。本刊的宗旨是阐明皮肤的结构和功能及皮肤病，在此基础上为病人提供合适的内科和外科治疗。我们试图加强人们对皮肤病理生理学的了解并提高临床医生对皮肤病的诊治能力。本刊着重发表皮肤内科医生、皮肤外科医生和所有关注皮肤病最新治疗的医生感兴趣并需要的最新信息…

2 《The British Journal of Dermatology》发表涉及皮肤生物学和病理学各个方面的论文。本刊创刊于1988年，最初几乎只关注临床实践中皮肤科医生感兴趣的内容。然而从20世纪50年代起，期刊内容开始反映皮肤生理学和实验病理学研究的快速发展。现在本刊已成为发表基础和临床伦理学研究的媒介，并为实验室研究人员和临床医生提供同样的服务…

图表 3.4　选择期刊

选择期刊时，你应该考虑以下重要因素：

- 你的目标和团队中其他成员的目标
- 论文要点的优势（和新闻价值）
- 使用方法的可靠性
- 期刊内有关主题的“线索”或讨论
- 期刊采用的格式
- 期刊的链接——这样你能获得有用的“市场信息”
- 期刊的地位（据称是通过影响因子估测的）

图表 3.5　影响因子的绝对地位

Eugene Garfield 的伟大思想是通过统计每种期刊发表的每篇文章随后被其他作者引用的次数，产生期刊排序表，从而计算出影响因子，由美国科技信息研究所公布，现由 Thomson 科技集团开发。其每年出版的《期刊引证报告》(Journal Citation Reports) 旨在提供"一种评价世界顶级期刊及其在全球研究领域影响的系统的、客观的方法"。

各种研究表明，影响因子受许多因素影响，例如，论文在主流出版社发表、论文有许多商业再版，或是编辑直接要求参考文献中包括其期刊发表的论文。编辑还发现，他们通过直接调整期刊可使其期刊的影响因子分值大幅度提高。

上述情况对没有将影响因子作为衡量"质量"方法的政府公务人员和学术管理人员没有太大影响。目前，研究人员和临床医生需要将其论文发表在影响较大的期刊上以晋升职称，他们的工作团体需要将论文发表在影响较大的期刊上以获得基金资助。发表的压力已经转变为发表在高水平期刊的压力。

庆幸的是，这种对影响因子极端推崇的现象即将消失。许多组织如"欧洲科技期刊编辑协会"开始发表声明，呼吁注意这种现象。电子出版物的发展为衡量获得、阅读和引用论文人群提供了更为新颖且更准确的方法；同时，那些想要选择投稿期刊的作者会试图将论文投到可能发表其论文的期刊，而不仅仅是那些影响因子最高的期刊。对于所有的（或是大多数?）科学行为而言，理性的思维要比无限的野心更重要。

www.scientific.thomsonreuters.com

一些期刊的影响因子 *

New Egngland Journal of Medicine	51.3
Nature	26.7
JAMA	23.2
PLOS Medicine	13.8
BMJ	9.2
Gut	9.0
American Journal of Gastroenterology	5.6
Pediatrics	5.0
Medical Education	2.5
Journal of Paediatrics and Child Care (Aus/NZ)	0.9

* 摘自 2007 年 9 月各期刊的网站。

你可能会列出四至五种目标期刊。如果觉得难以选择，那么应进行文献检索。过去的几年里每种期刊发表了多少与你的论文主题相关的论文？你会发现期刊和期刊编辑一样，表现出兴趣模式或“线索”——对某些主题较为感兴趣，而避开其他主题。这种市场调查能够帮助你做出明智的决定。但是如果还是很难作出决定的话，就选择你经常阅读并喜欢的期刊，因为作为老读者，你会熟悉该刊的风格和写作方式。认识与期刊有关的人也会对你有所帮助，这并不是因为他们能够帮你“暗箱作业”（通常他们不能也不会这么做），而是因为他们能给你很好的“市场信息”。

不要羞于表达自己的雄心壮志。如果你想（或必须）在某本顶级期刊上发表论文，那么请仔细地研究该刊。仔细看看最近该刊发表的与你专业有关的论文。你的论点及论据能达到该刊的要求吗？如果能，那么不管你（目前）在学术界的地位如何，都没有理由怀疑你能否在该刊发表论文。最重要的是要做到“理性”。问题不在于“我想在哪家期刊发表论文”，而是“哪个期刊更有可能发表我的论文”。

确定文章的长度

你的论文多长合适？现在这个问题的答案变得十分简单。这取决于期刊对论文长度的要求。你会发现《稿约》规定了论文的长度，但最好能找到一些论文、查查论文有多少个段落。控制段落数量要比控制字数更容易。我们的原则是论文长度并不取决于你想写多长，而是目标期刊允许你写多长。

毫无疑问，你会感到你需要更长的篇幅以证实你论文的正确性；其实每个人都如此。记住一个关于某位作家的故事（但这个故事可能是人们杜撰的，因为在不同的国家它的主人公也不同）。这位作家说：“很抱歉我的信太长了，因为我没有时间写一封简短的信。”这说明了一个重要的事实：所有的文章都是有水分可以挤的。挤水分会给你自己增加麻烦，但会大大方便你的读者。

遵守截止日期

制订计划，确定写什么和向哪投稿，这不会给你的写作提供必要的动力，除非你确定写作完成的截止日期。上一章强调了这种做法的重要性。

但是你要做的不仅仅是确定一个截止日期——你需要确定好几个截止日期。撰写科技论文并投稿是一项浩大的工程，除非你采取剽窃或欺诈行为，否则你写得越多，论文越看似不可能完成。建议将这项大工程分成若干个小任务，并制订一个日程表（图表 3.6）。确定你和你的同事严格遵守该日程表，这是保证论文发表的最重要方法之一。

图表 3.6　日程表范例

制订提纲	1 月 1 日
完成初稿	1 月 15 日
发给合著者	2 月 15 日
合著者修回	3 月 15 日
投稿	4 月 1 日

就合著者署名问题达成一致意见

写作是一种个人行为。某些人不得不独自完成某些任务，如构思、制订计划、撰写论文、修改论文和判断对立的观点。如果你是完成所有这些任务的人，那么你理所当然是第一作者。同样，你实际上是团队的领导者，管理整个项目是你的责任。你要做许多事情，使得论文顺利发表。

顶住委员会对写作的看法。建立委员会并不合适，因为强调的重点不可避免地会从取悦目标读者转变为取悦委员会成员。你需要团队里其他成员的贡献，但是征求每个成员的意见、对他们的意见作出决定并协调对立的观点是你的责任。

谁会被你列为合著者？在这一问题上，不仅可能引发你和同事间的冲突，还可能造成你和未来的编辑间的冲突。多年来，编辑们一直饱受滥用作者身份或“影子作者”（ghost authorship）问题的困扰，一些不符合作者身份的人被作者刻意列为作者。现在他们坚持原则，要求必须是对研究真正作出贡献的人才能获得作者身份（图表3.7）。这对那些明显想通过在论文上署名以求在职场晋升的人没有多大影响。这实际上是一个政治问题，而不是写作问题。首先，作者不得不妥协，特别是如果有人想要署名为合著者以提高其在学术界的地位。你必须注意的是论文中出现多位合著者会使你的论文看起来很可笑，例如12位合著者报道对3只犬进行了研究，这会影响论文发表的几率。

为减少压力，你应在开始写作之前协商好有关作者身份的各方面问题，尽可能想到谁可能成为合著者、他们中的每个人将发挥哪些作用、以及他们的名字顺序如何安排。这会避免一些最坏的过分行为。此外，在写作后期，合著者（并没意识到）实际上有可能会花费大量时间在论文中插入偏离主题的内容。提前做好协商工作将有助于防止这一问题。在写作过程进一步深入前，将你想要强调的论文要点写下来，发给合著者，并询问他们是否同意。

图表 3.7　编辑对作者身份的看法

根据国际医学期刊编辑委员会（ICMJE）（前身为温哥华小组）的规定，通常认为作者是对发表的研究作出实质性的、智力方面贡献的人。建议根据以下标准确定作者身份。

- “确定作者身份应该依据：①对研究的构想和设计、或数据的获得、或数据的分析和解释做出实质性贡献；②起草论文或对论文重要内容做出重大修改；③同意最后的修改稿发表。作者必须同时满足条件①、②和③。”
- “当大规模多中心小组进行研究时，研究小组应确定谁是直接负责论文的人…”
- “获得基金资助、收集数据或对研究小组进行总监督，只满足这些条件的人，不符合作者身份。”
- “所有被列为作者的人都要符合作者身份，并且所有符合作者身份的人都应被列为作者。”
- “每个作者都要充分参与研究工作，对研究内容的相应部分公开负责。”

某些期刊采取贡献者政策，这意味着他们要列出每位作者都做了什么。委员会强烈建议编辑采取这种政策。

www. icmje. org

www. publicationethics. org. uk

图表 3.8　如何使你的写作团队最好地工作?

- 每年制订目标，并使人们坚持这个目标。
- 鼓励人们坚持而不是批评他们之前的努力。
- 行为不能违背职业道德（例如超出作者身份）
- 确保为作者提供资源（写作时间、继续写作计划等）
- 给出均衡的反馈意见（不仅仅是一连串的批评意见）
- 在截止日期前完成
- 对成功给予奖励

有些人发现制订提纲极为困难，这可能是因为正确地制订提纲的确并非易事。但是花费时间制订合理的提纲，特别是事先决定你要表达的论文要点（图表 3.9），会使未来的写作受益匪浅。

图表 3.9　制订提纲

例 1：

论文要点：对 2373 名午饭后健忘症患者进行多国家试验，结果表明 Obecalp 比目前已有的疗法都有效。

目标期刊：The Lancet

长　　度：2500 字

截止日期：6 月 13 日完成初稿

合 著 者：7 个中心参与研究的所有人员

例 2：

论文要点：7 名患有午饭后健忘症的患者中，有 3 名在食用蒲公英叶和法兰克福香肠后症状立即缓解。

目标期刊：Journal of the Society of Postprandial Pathologists

长　　度：1000 字

截止日期：从明天算起一周以后完成初稿

合 著 者：首先发现这件事的医学生和你咨询的医疗顾问

在阅读第 4 章之前你应该：

- 制订一个简明的提纲，在以下几方面取得书面同意：
  论文要点（一个简单的想法，使用动词表述）
  目标期刊
  论文长度
  完成的截止日期
  合著者
- 熟悉目标期刊的《稿约》

（陈　姜　译）

第4章　扩充提纲

“现在我满脑子想的就是一篇论文”

集中力量

这是一个关键的时刻。或许你仍然在为论文没有获得任何进展而忧心忡忡，而很快你将不得不决定冒险一试，并决定动笔开始写作。实际上，这时你不但已经熬过了最艰难的时刻，而且已经写成论文了，因为你已经确定了你所要传达的信息。虽然这条信息只包含一个中心思想，仅由10～14个词构成，但是你已经很清楚自己到底要让读者获得什么样的信息，此时一些无关紧要的内容已被舍弃（或者被读者遗忘）。你也决定了要在何处发表论文。你的作品已经有了一个完整的框架，现在只需想办法让它变得有血有肉起来。

有两种方法可用。第一种是“文书式”的方法。采用这种方法意味着要整理好手头的所有资料，没有章法可循，要弄一大堆的数据、表格和参考文献，并把它们分别放到四个框框之中（引言，方法，结果和讨论），形成正式的论文结构。有“索引癖”的学者深爱这种方法，他们总是不停地搜寻重要的参考文献或者额外的事实，并坚信它们就藏在某个角落里等待着被发现。

但是运用这种方法写作的时候无法避免地会遇到一个难题：我们可以很容易地把各种各样的资料搜集起来放在论文里，但是却很难确定究竟应该舍弃哪些内容。你可以很快在论文的各个框框里填满大量可能有用的资料，但是你将不得不花费更多的文字功夫，并需要附带大量的参考文献，这就像是拉紧塞满各种东西的手提箱的拉链，紧紧巴巴的怎么也拉不上，而你却想要搏一下，硬要把各种东西都塞进去。可它怎么能够装得下呢?

另外一种方法就是对信息的取舍做出“最高决断”（executive decisions)。这种方法有一定危险，类似于我们过去所称之为的“想当然”。它是基于以下原理：在画一棵树时，你不会先把所有的枝枝叶叶画上去。相反地，你首先构造树的“主干”（一句话信息)，然后按照你的需要勾勒主要的“树枝”（每段的主题)。注意，这些“树枝”是从树的“主干”上自然而然生长出来的，而不是死板拼凑上去的。记住，一旦拥有这样一个大的框架，接下去怎么放置“树叶”就相对快捷简便一些。即使你把一两片“树叶”放错位置，也不会破坏整颗大树的形状。

梳理

“蜘蛛图”（spidergram）是个不错的辅助工具，目前普遍受到推崇（特别是在学校和其他可望发挥创造力的地方)。它使你能够全面考虑你所获得的信息，并有所发展、有所创造。“蜘蛛图”的一个好处就是在这个阶段你不必做出任何重要的决定——在这个阶段你所有的思想都是有价值的，你尽可让它们从你的笔尖流淌到纸张上。你要想有创造力——那么，在纸上写的东西越乱越好。

拿一张较大的白纸（最好是A3纸）横向摊开。拿一支铅笔(不带橡皮擦，因为频繁的修改可能会妨碍创造力源泉的涌出)。在纸张的正中央写下你的中心思想，沿着周围画个圆圈（假如你觉得离开电脑桌面你的思维就寸步难行，那你也可以运用一种电脑软件制作“蜘蛛图”)。

然后写下少数几个问题，实际上这些问题也就是你论文的主干。正式行文时，围绕以下四个主要问题进行论证，写作就会变得相对容易一些。

- 研究的初始目的是什么?
- 研究什么?
- 研究有什么发现?
- 研究发现意味着什么?

图表 4.1 蜘蛛图 1

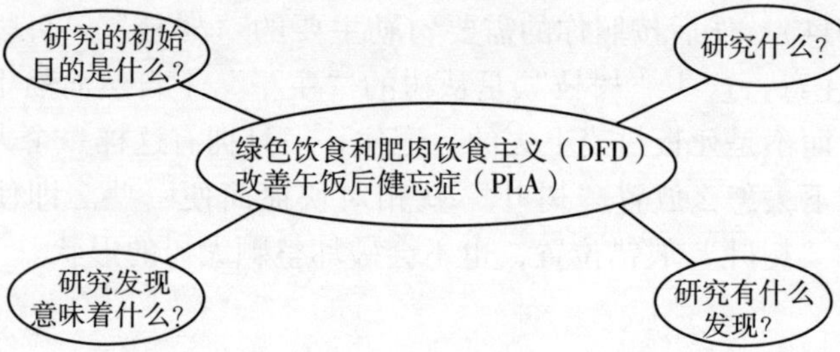

扩展蜘蛛图

现在你可以按照这个框架扩展你的中心思想。主要方法如下:

- 选择一个问题,写下你需要回答的要点。
- 如果详尽地回答了一个问题,就转入下一个问题。
- 一次只涉及一个要点(只使用一两个词语来表达)。
- 越快越好——写完一点,立即进入下一点;不要把写好的内容划掉。
- 每个节点要用直线链接到中心思想。
- 不用害怕把各种词语组合在一起。
- 不要列表或者使用完整的句子。

如果从第一个问题开始（研究的初始目的是什么?），自然会考虑以下问题：

- 正在研究的课题（主题）是什么？
- 对这个课题（主题）我们了解多少？
- 我们正要解决的具体问题是什么？

继续下一个问题（研究什么?），许多子标题你都可以使用，比如：

- 对象
- 干预措施
- 测量方法
- 时间轴
- 统计学检验
- 伦理问题和伦理委员会的批准

第三部分（研究有什么发现?）主要是记录结果。最好能把这个问题分成 7 个小问题来回答。

最后，第四个问题：研究发现意味着什么？这个问题可能包括：

- 一句话，我们发现了什么？
- 优势在哪里？
- 薄弱环节在哪里？
- 与当前的认知相符合吗？
- 对科学理论、当前的政策和/或临床实践有何启示？

在本阶段，面对杂乱无章的“蜘蛛图”，习惯于做事井然有

图表4.2 蜘蛛图2

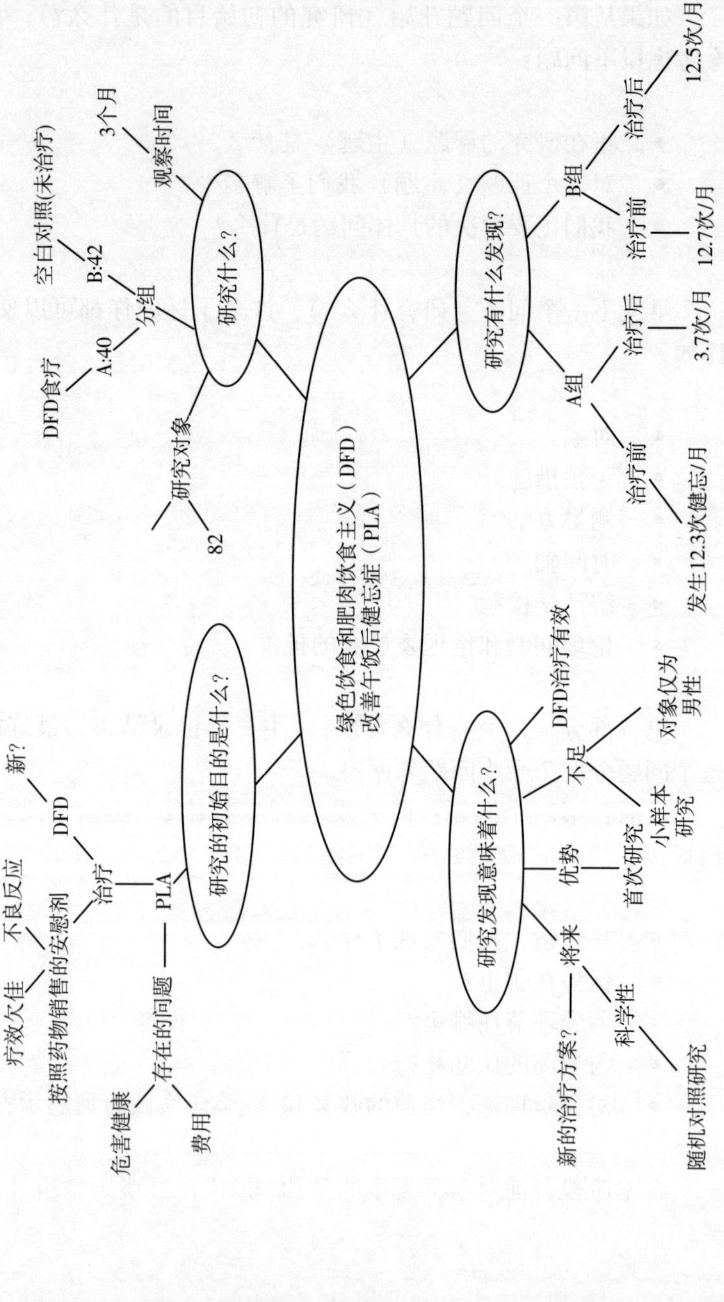
绿色饮食和肥肉饮食主义（DFD）
改善午饭后健忘症（PLA）
研究的初始目的是什么？
PLA
治疗
DFD
新？
存在的问题
危害健康
费用
按照药物销售的安慰剂
疗效欠佳
不良反应
研究什么？
研究对象
82
分组
A:40
DFD食疗
B:42
空白对照(未治疗)
观察时间
3个月
研究有什么发现？
A组
治疗前
发生12.3次健忘/月
治疗后
3.7次/月
B组
治疗前
12.7次/月
治疗后
12.5次/月
研究发现意味着什么？
DFD治疗有效
不足
对象仅为
男性
小样本
研究
优势
首次研究
将来
新的治疗方案？
科学性
随机对照研究

序的人常常会感到绝望，但杂乱无章不是什么大问题。你已经有了一个开始；你已经开始把大脑里的信息转移到了纸上（或计算机里）。这种方法不但可以引导你通过“写作瓶颈”，而且还可以派生出大量的信息和研究切入点，可以用来进一步充实论文。或许是有点乱，但现在终归有了书面字句摆在那里使你的思维有章可循。这恰恰说明，一切都在你的掌控之中。

“蜘蛛图”还有另外一个好处。图上的每一个信息节点都有返回中心思想的路径，也就是说都与中心思想相关。所以，你其实已经慢慢理出头绪，明白哪些资料与论文中心思想相关，哪些无关（即便这些资料可能非常有趣）。重要的不仅仅是论文中已有的内容，而是你经过深思熟虑之后决定舍弃的部分。

然而，不要高兴得太早。你仍然还没有规划好整篇文章。你已经完成的只不过是从你大脑里大量信息中选择出你所需要的部分并加以梳理。这将非常有利于你进入论文写作的下一个阶段：制订撰写论文的线性规划。

在阅读第5章前，你应该准备：
- 一大张纸，上面有你的中心思想和相关论点以及必要的论据。

推荐读物：思考和梳理

Buzan T (2002) *How to Mind Map*®. Thorsons, London.

如果你对“蜘蛛图”感兴趣，那么你肯定也会喜欢 Tony Buzan 的书。他是思维导图（Mindmap）的发明者。思维导图现在已经是一个国际品牌，这足以使他成为当之无愧的“百万册畅销书的作者”。

Buzan为各种列表的单调乏味感到绝望，决定释放想象力和运用思维的关联性来提高记忆力和创造力。就像本章所示的"蜘蛛图"一样，思维导图由一个中心思想或理念和发散出来的许多小思想组成。但Buzan进一步引入了图像、色彩和曲线。他说，这个方法使创作者对整个计划有一个概观，可以对相关信息进行选择，可以收集数据、解决问题，也可以使创作者不令人乏味。他称之为一种解放思想的工具："有了思维导图，一长串令人生厌的信息就可以转化成一个彩色的、便于记忆的、高度有机组合的关系图，关系图的脉络与你大脑自然的思维方式相一致。"

该书简短、精悍，通俗易懂，用词不乏夸张之处，排版也不拘一格（这不奇怪，因为Buzan坚信统一的文本格式令人生厌）。但该书还是很清晰地表述了他的观点，并配有一些简单的测验题和几副彩色的思维导图，思维导图内容从"做报告"到"计划一个浪漫的周末"，不一而足。当然，并不是每一个人都需要掌握这种方法，但是那些使用过这种方法的人都觉得受益匪浅。

www.buzanworld.com

（郑明华 译）

第 5 章　制定论文各部分的简明写作计划

“描绘一种创新性的（非线性）类型对于聚拢思绪和启动写作阶段来说都是很有用的；将其转化为符合逻辑的、线性的结构则要费劲得多。”

了解文章结构 1：段落

你的脑海中充塞着所做研究工作的种种细节。现在，该是开始做出某些决定的时候了——但在开始前，你对文章结构的一些要素应有所了解。

在人们谈论写作时，常用的一个指标是字数。其实这项指标用处不大。问题并不在于字（词）数，而在于你如何对其进行组织、排序。

更有意义的做法是把段落作为一个主要的单位来加以考察。每一个段落都是一块独立的类型，因此我们可以假定每一段都覆盖了一个特定的领域。在组织段落时，应切记存在两种类型的句子。你可以粗粗地阅读一段文字，然后用下划线划出或用颜料笔标记出一些关键句，这样你可以看到一个比原先的文本要精炼得多的版本。这样一来，句子就被分成两类：“关键句”（即以下划线划出的句子），行文表达观点；“辅助句”（未划线的句子），描述和支持观点。

那么，“关键句”应出现在每个段落的开头还是结尾呢？科学家们倾向于按“IMRAD”结构来行文。我们先来看一段例文：

火灾一直是夜总会面临的危险，这已为诸多事实所证明[导语]。昨天晚上，镇中心的一家夜总会就发生了火灾；我赶到了火灾现场，并与一名消防队长进行了交谈[方法]。他告诉我，87人在火灾中遇难[结果]。据信，如果消防通道没有被堵死，应该会有更多人得以逃生[讨论]。

另一种行文方法是把最重要的一段信息放在段落开头部分，然后再加以铺陈、解释和（必要时）证明。这是专业的新闻从业人员常用的行文方式，即所谓的“倒金字塔”结构（不过，从纯数学的角度而言，可能并不精确）。例文如下：

87人死于一场火灾，现场消防通道被堵死。昨晚刚过午夜，本镇中心某夜总会发生火灾。记者从现场消防队长处获悉了这一死亡数字。

如果你能熟练运用“倒金字塔”段落结构，你就能够做到段落通畅，且读来令人兴致盎然。可以把关键句放在段落开头，例如：

“然后我们选择了患者……”

“在选定患者后，我们开展了一系列的检查…..”

“我们的发现很有意思，其理由有以下三点……”

随后即可适当展开。这对于整个文章的构思来说也很有意义。如果在写完文章后你可以很轻易地提炼出关键句，那么很显然，你可以通过确定这些关键句所覆盖的内容对整篇文章加以构思。

了解文章结构 2：科研论文

我们可以计数一下：在目标期刊中，一篇典型的论文共有几个段落。除了一些专业性很强的期刊中“方法”部分写得很详细外，基本上所有的论文都是很一致的（图表 5.1）。对于大多数期刊来说，以下类型都是适用的：

图表 5.1　6 种期刊中不同部分的段落数

	Introduction	Methods	Results	Discussion
N Engl J Med	2.6（±1.1）	9.2（±3.3）	8.9（±3.8）	6.9（±1.8）
Lancet *	2.6（±1.3）	7.6（±3.6）	6.1（±2.9）	7.0（±2.6）
BMJ *	2.3（±0.9）	6.0（±3.7）	5.9（±3.1）	7.4（±2.8）
J Ped	2.6（±1.1）	6.7（±3.4）	7.0（±3.9）	7.3（±2.8）
Ped Research	3.0（±1.3）	9.6（±3.8）	6.3（±2.9）	8.5（±3.4）
Arch Dis Child *	2.7（±1.3）	6.5（±4.0）	6.1（±4.0）	6.9（±2.8）

括号内的数字为标准差。

* 总部设在欧洲的期刊。

资料来源：1997 年 6 月 1 日以后发表的连续 50 篇论文。

- 引言 － 2 段
- 方法 － 7 段
- 结果 － 7 段
- 讨论 － 6 段

这样一来就简单了——我们只需要准备 22 个单元的思绪。从图表 5.2 中我们可以清楚地看到这一点。

图表 5.2 一篇生物医学论文的结构

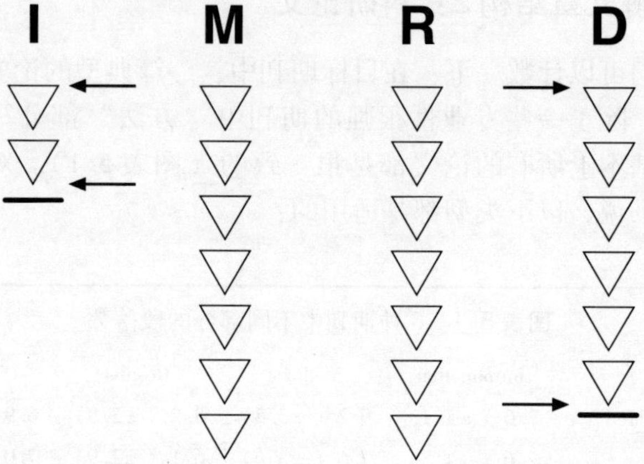

为获得这一结果，我们分析了从 1995 年 10 月至 1996 年 3 月发表在 BMJ 的连续 89 篇论文，以及从 1997 年 6 月起发表在这 6 种期刊的各 50 篇论文。很显然，在不同的期刊中，结构特点差异很大——例如，文章开头的类型、各部分的段落数。因此，作者应该先做一些市场调查（查阅几本目标期刊），并认真分析四大部分中出现的内容。（后文我们还会介绍如何利用类似的市场调查以确定文章的其他要素，如标题和参考文献。）

引言

本部分要回答这一问题：为什么我们要开展这项研究？事实上，并没有必要老实交代开展研究的真正理由（我们获得了一项拨款、一例患者恰好出现了、我的教授有一天心血来潮对一大堆病历产生了兴趣）。你要做的，通常是引用少量相关文献，表明你的研究将会在多大程度上填补某项知识空白。它是用于治疗一种已有疾病的新方法吗？它是对传统操作的一种挑战吗？它是否将为一场悬而未决的争论提供新的证据？

要把起始句（第一个句子）写得引人入胜很难；一般来说，

研究工作、研究所见及其意义均见于它处。也正是基于这一原因，大多数作者采用的是一些刻板的开场白。许多论文都会一开始先把拟探讨的课题简要描述一番［即所谓的“学究”型方法（seminar approach），见图表 5. 3］：

Post-lunchtime amnesia in hospital doctors is characterized by a severe loss of memory one hour after consuming a meal of more than 87. 3 calories taken between 12. 10 and 1. 45.

图表 5. 3　6 种期刊中不同类型的关键句

	Seminar	Alarmist	MDR
N Engl J Med	45	2	3
Lancet *	34	10	6
BMJ *	37	4	9
J Ped	47	2	1
Ped Research	44	3	3
Arch Dis Child *	43	4	3

＊ 总部设在欧洲的期刊。

资料来源：1997 年 6 月 1 日以后发表的连续 50 篇论文

以《The Lancet》为代表的期刊则倾向于使用另一种类型的关键句，即主要强调相关问题的严重性［即所谓“危言耸听”型方法（alarmist approach）］：

Post-lunchtime amnesia kills 3000 people a year in UK hospitals.

第三种方法则是提及存在的争议［“研究热点”型方法（much discussion recently approach，MDR）］：

There has been much discussion recently about the incidence and importance of post-lunchtime amnesia in hospital doctors.

引言的写法已广泛倾向于写得直截了当些。起始句往往直奔主题，然后用5、6个句子展开叙述。第二段则提出存在的具体问题：

Until now there has been no successful treatment for post-lunchtime amnesia.

在对此进行阐述后，我们就可以写出本文的第二个关键句（亦即引言部分的最后一个句子），告诉读者我们所开展的工作。

We therefore undertook a multicenter randomized trial to see whether Obecalp had any effect on post-lunchtime amnesia.

在引言的结束部分（通常是最后一个句子或最后一个段落），用一个简短的句子描述作者所做的工作。

The aim of this study was……
或
We report……We used data……We have outlined……

在引言的结束部分出现这类关键句（关键段）是一个很有意思的发展。事实上，它也可用作“引言”或“讨论”部分的起始句；不过，在英语文献中，它一般以一般现在时形式出现，在“引言”和“讨论”之间起着前后呼应的作用。

方法

本部分要回答这样一个问题：你做了哪些工作？

本部分进一步扩充了“引言”部分最后一段提及的信息。

读者在阅读“方法”后，应足以藉之对你的工作作出评估，或重复你的工作。它也应解释统计方法，并说明本研究遵循了相关的伦理学原则。

作为一个一般性原则，本部分是告诉读者做了哪些工作。通常最好根据合乎逻辑的时间框架来安排段落。

结果

本部分差不多也要使用 7 个段落来阐述研究所见（并不需要罗列所有的研究细节—这些细节可以列表说明，下文另行讨论）。

讨论

通常认为这部分很难写。相关分析却显示大可不必过于担忧。从前文对两个关键句的分析中可以看出，存在一种非常清晰的类型。

起始句应明白无误地总结研究所见。例如：

Our study showed that Obecalp was effective……

图表 5.4　6 种期刊中结束句的类型

	Another Puzzle Solved	Perhaps Possibly	More Research is Indicated
N Engl J Med	27	17	6
Lancet *	19	21	10
BMJ *	22	16	12
J Ped	26	16	8
Ped Research	20	20	10
Arch Dis Child *	27	10	13

* 总部设在欧洲的期刊

我们观察到3种不同类型的结束句。

第一种是"有必要开展进一步研究"。所幸的是，这种结束句的使用率要低于预期（其实它纯属不是结论的结论，画蛇添足）。

The effectiveness of this intervention must be treated cautiously and requires verification in further experimental trials.

第二种结束句是"也许可能"型。

This might provide a basis for future treatment, or it might not.

第三种结束句是"解决了又一个难题"型（亦即"信息"）。

This study provides evidence that we now have a good basis for future treatment.

很显然，最后一种结束句是最佳的选择。它意味着本文以你提供的核心信息作结，为整体行文提供了一个清晰的结构。

图表 5.5　四个关键句

引言起始句：我们拟探讨的内容是什么？

引言结束句：我们做了什么？

讨论起始句：我们发现了什么？

讨论结束句：它意味着什么——核心信息！

如果你有足够的逻辑思维能力，再来撰写这两个关键句之间的段落就轻而易举了。相关内容可包括：

- 说明本研究（论文）的优点
- 说明本研究（论文）的局限性
- 说明本研究（论文）与既往开展的研究之间存在哪些联系
- 提示本研究对（a）未来研究、（b）未来政策和（c）临床实践的意义

上述每一要点都可以写成一段（在某些情况下还可以多写一点），这样基本上“讨论”部分就成形了。

撰写计划

在通读本章并掌握相关内容后，撰写计划就轻而易举了。你想要的是一份简明的路线图，藉此可以确定每个段落中拟叙述的要点。在计划中你也可以粗略地写下 4 个关键句想要表达的内容。计划应力求简明扼要。制定计划的过程不要超过数分钟。本阶段的目的是画出整颗大树的主要树枝。换言之，勾勒出立论的主标题。在本阶段你应先搁置细节，否则就容易沉溺其中不能自拔。

图表 5.6 一项计划

引言

⟶Post-lunchtime amnesia is a big problem

▽ 问题——阐述

▽ 发生率?

⟶We did questionnaire to find out how big

方法

▽ 伦理原则

▽ 资金来源

▽ 问卷设计

▽ 问卷管理

▽ 样本

▽ 排除标准

▽ 统计学分析

结果

▽ 一般发生率

▽ 外科医师 vs 内科医师

▽ 高年资医师 vs 低年资医师

▽ 医生 vs 护士

▽ 男性 vs 女性

▽ 住院医 vs 医学生

▽ 不同区域间的比较

讨论

⟶We found it was a big, big problem!

▽ 阐述问题

▽ 缺陷?

▽ 优点?

▽ 与现有文献比较

▽ 研究的意义

▽ 对政策/治疗的意义

⟶We need to act immediately to prevent post-lunchtime amnesia

在阅读完本章后，你应该能够：

- 针对论文的 4 个部分（引言、方法、结果和讨论）制定出简明的写作计划。

（康　敏　译）

第6章 撰写初稿

“我不知道自己在10分钟内竟然能写这么多字。这篇论文已被搁置了近两年，我希望这次能一鼓作气写完。”

克服写作恐惧症

接下来的一个步骤就是开始真正的写作了。写作本身实属乐事，但却给很多人带来无限创伤。他们费尽周折来逃避写作，采取的措施也千奇百怪：四处搜猎参考文献、焙制咖啡、跟八竿子打不到的亲戚煲电话粥，或干脆就枯坐于空白的电脑屏幕前，脑子里也一片空白。

我觉得这要怪学校的老师们，因为在我们还是学生的时候，他们就给我们洗脑，告诉我们要以严肃应试的心态去完成一篇作文。而事实上，论文写作并不是这一类的考试。一篇论文所要考查的，并不是我们学到了什么或记住了什么，而是我们对于所描述的知识作出了哪些具体的贡献。它并不是一场限时考试；初稿并不重要，最终版本才需要反复推敲。

如果我们能认识到这一点，撰写初稿就不需要那么战战兢兢了。把字写到纸上并不是终点，而只是起点。在此阶段，我们需要的是创新，而非批评（见第51页的“推荐读物”）。如果你已经完成了预备性的思考过程，你对所有的信息和观点都早已了然于胸，那么现在所要做的，是把它们释放出来。初稿绝对不可能毫无瑕疵，但在这一阶段完全是可以接受的。

做好写作的准备

写作过程需要三样东西：明确的计划、合适的写作工具以及安宁的环境。

明确的计划

在本阶段，你只须遵循自己制定的计划。不要在身边堆砌所有的原始资料，如图表和参考文献，也不必大堆大堆地摘引学术论文。在本阶段，在你的实验中到底杀死了 43 只大鼠还是 47 只大鼠并不重要；你只须知道，只使用了 50 只大鼠，它们大抵难免一死。你只须写出大概的流程，在后续阶段再添加细节。

顺便提一下，如果你采取这种方式来撰写初稿，你就不太可能去剽窃他人的作品。

合适的写作工具

许多人会直接使用某种文字处理软件进行写作。这样做也许会很快，也很令人愉悦，但存在两大问题。首先，这类软件总是会诱惑你回头查阅已写过的内容，在一些字词和短语上耗费大量时间。其次，软件会诱惑你回头对整个段落精雕细酌。如果你能做到抵御这些“诱惑”，文字处理软件当然是不错的选择。

有些作者觉得使用口述记录机是一种欺骗行为，但它的确有助于你快速写下初稿。如果有人能够帮你把这些初稿誊录出来，就要省心得多。在使用口述记录机时，你需要大声说话，这样一来，口述内容就会在语调和词汇方面更讲究一点（与很多《文章作法》中提供的秘诀相比，这种做法可谓别开蹊径，也要容易得多）。不过，你很容易陶醉在自己的声音中而不知所终。如果你采取了这种“写作”方式，应切记把写作计划放在随手可及的地方并不时查阅。

也有一些作者更倾向于使用传统的写作工具，如纸和笔。这些工具相对而言较为缓慢（可能也更加令人痛苦），但如果保持连贯的写作状态，一分钟写下 30 ~ 40 个英文词也是有可能的。一些作者信誓旦旦地宣称，只有手持自来水笔，他们才会文思泉涌。另一些作者则坚持使用带橡皮擦的铅笔——不过，为了防止你对自己的文章涂涂改改，我还是建议你剪掉橡皮擦。

安宁的环境

很多人反映，要抽出时间实在是个大问题。他们都是大忙人（承担着多种社会角色，如父母、情人、医生、科学家、航模协会秘书长等等）；即使他们能抽出时间，无论在家里还是在单位，总会有人不停地来打断思路。

我的答案则是：不要试图找到长达 2 ~ 3 小时的整段时间；这在今天几乎是不可能的。相反地，你可以试着每天抽出 20 分钟左右的时间；根据我的估算，利用这段时间你足以写下 500 个左右的单词。如果你能有这样的 4 个 20 分钟，一篇论文初稿就基本上成形了。当然，我的这一断言是否成立尚有争议。不过，如果此言不虚，你的人生就会发生革命性的改变。（20 分钟 500 个词并非不可能。我在撰写本章的初稿时，就利用 20 分钟的时间写下了前 720 个词。）

遵守流程

要做到遵守流程，关键的一点是要坚持创新，暂停批评；要把初稿视作一场嘉年华，而不是批斗大会。写作本来就应该是很有趣的。

在本阶段，你既需要奇思妙想，也需要逻辑思路。你应该是所选课题的专家。你也应该有完善的计划来提醒自己应该采取哪些步骤。你应该清楚地认识到：撰写初稿的目标是确定每一部分的大致内容。其中肯定有不完善处，但这完全可以在后续步骤中予以解决。

因此，当你开始写作时，应尽快写下第一个句子。如果没有特别出彩的开场白（事实上也不太可能），你也可以先写下第二个句子。或者，你可以回过头去在一开头写几个可有可无的句子，例如：

I am about to sit here for 20 minutes and write about the wonderful experiment I have just completed. What we did was...

写完第一句，就可以写第二句，然后第三句、第四句……在任何情况下都不必对已写过的句子反复推敲、琢磨。

使用尽可能自然的语言。在本阶段，不要试图模仿目标期刊的文风。不要试图在你的教授面前展现你的文采。相反，你应该想象自己就坐在一家啤酒馆或咖啡馆里，与你的亲密好友随意交谈。尽量使用你自己用起来最舒服的语句，而不要因为文章将来要“发表”而对其字斟句酌。只有这样，文章才能传达比较明确的信息。（当然，稍后你可能不得不对文章重新进行改写，使之适合目标期刊较死板的体例格式。不过，这并不难。）

如果你的母语并非英语，可考虑用母语撰写初稿。在这一阶段我们主要要解决的是思路问题；待定稿后可以再翻译成合适的语种。

无论你选择的是何种语言，在20分钟后（你可能又希望再抽出20分钟了），你会发现大有进展。现在已写下不少单词了，并且这些单词也初步勾勒出一个大致的文章框架。

有些人对于这种跳跃式的写作方式一直持排斥态度。他们更倾向于在写下一个句子后，又回过头去反反复复地看，忧心忡忡地看。他们不停地推敲句子的意思、检查参考文献是否标对、或者翻阅大部头的语法书查找某个标点符号的罕见用法。如果他们乐意这样做，那就做去吧——不过，这只会降低（而非增加）

文章发表的成功率。

依次撰写每一部分

我建议按读者所习惯的阅读顺序撰写各部分。这样看上去更符合做任何一件事情的逻辑，也更容易保持读者的阅读注意力。我知道不少专家建议先写“方法”部分，因为他们认为这部分相对较为简单。如果你也有同感，当可照办。

克服作者心理阻滞

你常常会发现写作进程受阻，或绞尽脑汁就是不知道还能写些什么。我们通常称之为“作者心理阻滞”（writer's block）。不妨视之为过于疲劳的一种自然反应——解决之道也很简单：干点别的事情。大多数人都在某个特定的时间段处于最佳的写作状态，你不妨也确定一下哪个时间段比较适合你。如果你在除此之外的其他时间段写作状态不佳，也不必自责。停下来就行。

不过，作者心理阻滞也可能是你的潜意识在告诉你：写作可能已偏离既定轨道。如果是这样，不妨先中断写作。你可以试着与同事沟通一下。如果此时找不到同事，也可离开书桌，好好休息一下，然后再翻阅写作提纲。你应该已经能够发现自己是否正在一篇不可能获得发表的文章上徒费心力，因此，最坏的情况就是你不得不从头再来。鉴于你已经做完了大部分的研究工作，重起炉灶所需的时间要比你想象的要少，当然比你一根筋地、徒劳无益地继续撰写现有文稿所费时间就少得更多了。

在阅读下一章前，你应该有：

- 四个部分（引言、方法、结果和讨论）的草稿

推荐读物：写作是一项没有痛苦和内疚的工作

Klauser HA (1987) *Writing on Both Sides of the Brain.* HarperCollins, San Francisco.

虽然这本书在写作风格上不免过于汪洋恣肆，但仍不失为一本“宝书”。它出版于20多年前，现在早已从书店下架了。但它对我的课程影响很大；迄今为止，我还没见过第二本书对写作的各种“进程”(process) 进行过如此完善的阐述。

切实可行的建议在书中随处可见，让你立即萌生了启动(当然更重要的是，完成) 写作任务的动力。它的一个关键论点是把你的大脑分成两部分，并在此基础上赋予写作两项功能：一半是批评，一半是创新［或者，正如Klauser引用的莎士比亚名剧《暴风雨》 (The Tempest) 中的两个角色：卡利班 (Caliban)，丑陋凶残的奴仆；埃里厄尔 (Ariel)，精灵。］两者缺一不可，但并不需要同时出现。

在此基础上，作者阐发了一系列精彩的观点：

- 应坚持撰写写作日志，以便在写作时把握进度，发现问题
- 在写作进程中不要忘记随时反思
- 在写作和构思时，不防让自己走得更远一些 (她称之为“突破极限”(hitting the wall”)
- 在写作时，不要对所写内容作出评判 (即，允许自己写一些纯属废话的文字)
- 早上一起来就开始写作……

Klauser指出，“如果你再也不愿意把必须完成的写作工作一

拖再拖，如果你觉得自己的脑海中存在很美妙的观点乐意与人分享却又缺乏表达能力，如果你因为没有发表过本专业相关的论文而导致晋升频频受阻”，那么，读一下这本书吧。如果你在二手书书店偶遇此书，不妨购之。

（张　健　译）

第 7 章　初稿的润色

“现在，我已经有了一些具体的要点，据之我可以对自己的稿子做出评估。”

痛苦接踵而至...

一旦初稿完成，可以先搁置一段时间；有些人说不妨放几天，不过可能不切现实。重要的是你要跟你的初稿之间保持一定距离，这样才能更客观地看待它，而不会再视之为自己灵魂的一部分，容不得他人指指点点。

当你重新回到案头，要鼓起勇气去做一些艰苦的工作。有些人抱怨说在初稿润色上费时过多。我想，他们可能还是沉迷于那种文不加点、一挥而就的心态上。在评价一篇文章是否出色时，不在于作者写得有多快，而在于它对读者的意义。如果一篇文章能发表在《Nature》上，你会抱怨自己需要修改 12 次或更多次数吗？象所有的产品一样，成功之道在于艰苦的工作；一篇精致的论文大抵是作者花费了大量时间精心润色的结果。

有时候情况可能会不太对劲。你可能会发现转了一圈又回到起点：例如，第 8 次修订稿与几周前的初稿又基本没有什么区别了。要避免这种灾难，可以采取以下几种途径：首先，应信守工作进度表，以防止自己漫不经心地浪费了时间。其次，至少可以抽出一部分时间用于在打印稿上修订，而不要总是在电脑屏幕前工作，以免不必要地虚度时光。第三，在你的脑子里，应该有一个清晰的标准来判断你所写下的内容是否达到预期，以及你将如何应用这些标准。

为了更好地入手，我建议你将此过程一分为二：宏观编辑和微观编辑。

宏观编辑

把初稿打印出来，然后自己一个人私下阅读。在此阶段无需用铅笔在上面点点划划，也不必考虑是否有拼写错误（其实这是不可避免的）或者有哪些细节被遗漏了。宜快速通读一遍，以便你对自己的构思所变成的铅字有一个大概的印象。接下来就可以自问自答一些较为困难的问题。

所传递的要点是否清晰？

通过文章所要传递的要点是什么？它体现在哪些地方？对于你的目标读者（即，编辑）来说，它是否足够清晰？你所写的，是否正是你想说的？或者，文内偷偷挤入了一些重点内容的改变？"讨论"部分的最后一个句子是否正是你想要传递的要点？现在该要点已白纸黑字放在你的面前，你是否觉得它还具有发表价值？

这些都属核心问题。无论你的大作看起来多么光彩照人，但如果言之无物，还是不可能发表的——一个清晰的、有意义的要点应明白无误地出现在读者所预期的位置。到这个阶段，你应该已经有了一个清晰的、有意义的要点；毕竟你在前几个阶段已经花了大量时间用于提炼要点。本阶段的一个主要任务是确保这一要点不至于迷失在写作的激情中。

你是否已证明了你的要点？

假定你现在已经有了一个清晰的要点，你能证明它吗？你提供的证据是否有确凿的根据并得到了充分的阐述？假定你是自己的死敌（或与你自己竞聘某份工作），你会怎样批评这篇文章？

如果在回应批评时漏洞百出，如何加以弥补？如果你不能自圆其说，应确保在“讨论”部分指出本研究的局限性，从而（巧妙地）予以掩盖。

它是否适合你所选择的“市场”?

这一问题通常非常直截了当。你应该在准备阶段花点时间，使要点与市场相匹配；一般来说，撰写初稿的过程不至于改变你的初衷。

格调是否适宜?

有些期刊长期以来形成了一种特殊的格调（通常不无装腔作势之嫌，不过这另当别论）。不过，使用图表7.1所列的“可读性”评分，可以相当容易地予以衡量。应确保你的论文符合目标期刊的格调。

结构是否适宜？是否符合读者的阅读习惯?

数一下段落数。是否大致符合2－7－7－6的基本结构？如果有所变化，且这种变化不无道理，则无须担心。不过，如果差异很大，那你就需要对结构重新加以调整。例如，如果文章段落结构变成了7－7－7－3，就有必要把某些内容从“引言”部分移至“讨论”部分。如果文章段落结构是2－18－7－6，就应考虑把部分内容从“方法”部分移至“附录”。如果文章段落结构是2－7－16－6，那说明完全可以分作两篇论文。如果文章段落结构是2－7－7－3，这意味着你已经知趣地把一篇论著写成了一篇短篇报道，而无须编辑再费口舌。

图表 7.1 Gunning 的 Fog 评分[7]

有多种方法来评测某篇作品的可读性。我本人最偏爱的是 20 世纪 40 年代美国的 Gunning 教授开发的“Fog 指数”。它基于这样一种假设：在一篇文章中，如果词越长、段落越长，文章本身就越不易懂。

Fog 指数的计算需要分成以下几步：

1 选择一段约 100 个单词的段落，以句号结束。

2 用该段所含的句子数除以 100，计算平均句子长度。

3 数一下“长词”的数量。所谓长词，是指含有 3 个或 3 个以上音节的词，但不包括：

- 原先为双音节的动词，加上“ed”或“ing”后才变成三音节（如，committed、committing）
- 专有名词，如“Winchester”、“Canterbury”、“Germany”或“Italy”
- 两个常用“短词”含并而成的单词，如“photocopy”
- 读者们易于理解的行话（这个比较难以判断）

4 把平均句子长度与“长词”数相加。

5 两者的和乘以 0.4。得出的积即为 Fog 指数。

典型的 Fog 指数如下：候机楼供消遣的读物：6；（以轰动性报道为特点的，文简图多的）小报：8 ~ 10；大众化报纸：10 ~ 12；严肃报纸：12 ~ 14；医学期刊：14 ~ 16；保险公司合同的限制性附属细则（多用小字体印刷）：20。

例：

“In conclusion, our data support that hypothesis that non-stereoidal anti-inflammatory drug use protects against the development of colorectal neoplasia. / The strength of the association is similar to that found in the three other epidemiological studies in which non-steroidal anti-inflammatory drug use has been associated with a halving of the risk of colorectal cancer. / Studies are now needed to confirm these findings, to determine how non-steroidal anti-inflammatory drugs might act, and particularly to see if non-steroidal anti-inflammatory drugs can prevent the recurrence of adenoma or even cause sporadic adenomas to regress.” –《BMJ》

图表7.1 续

"Aspirin, once seen as a humble household remedy for headaches, may also protect against bowel cancer as well as helping with arthritis and reducing the risk of heart disease and strokes, says a report in the BMJ today. / The study was done by Dr Richard Logan and colleagues from the University of Nottingham Medical School. / They say that those who took aspirin or other non-steroidal anti-inflammatory drugs (NSAIDs) had half the risk of developing the pre-cancerous lumps which go on to become bowel cancer as non - takers. / In some cases the dose was as low as half an aspirin a day." —《卫报》[注]

		《BMJ》	《卫报》
1	句子数	3	4
2	平均句子长度	33	25
3	长词	24	9
4	2 + 3	57	34
5	Fog 指数（×0.4）	22.8	13.6

该指数并不能用来预判文章本身的好坏，因此，人为地控制 Fog 指数并不能自动地把一篇可读性很差的文章变得易于阅读。不过，无论如何，Fog 指数与文章的可读性之间存在一定的相关性。

事实上，并不能孤立地说某个 Fog 指数是"好的"或"坏的"。重要的是你要让自己文章的 Fog 指数与目标刊物的 Fog 指数相匹配。如果你想投稿给某本心仪的刊物，你可以从中选出几篇文章，计算它们的 Fog 指数，然后确保自己撰写的文章也有相当的 Fog 指数。

利用 Fog 指数，还能大致确定是否存在某种写作方面的问题。例如，曾经有一名学生慕名来参加我的写作培训班，因为她的教授认为她写作能力很差。我对她及其教授的文章进行了 Fog 评分，发现她的文章的 Fog 指数是 12（这是一个挺合理的值），而她教授的文章的 Fog 指数则达到了 18。很显然，她的教授更偏爱晦涩的写作风格。

[注]《卫报》（The Guardian）是英国的全国性综合内容日报。创刊于 1821 年，因总部设于曼彻斯特而称为《曼彻斯特卫报》。1855 年改为日报。1872 年起，斯科特主持编务，将报纸变得高雅生动，奠定了该报成为全国性高级报纸的基础。1959 年更名为《卫报》，成为英国第二大高级报纸。总部于 1964 年迁至首都伦敦，不过于曼城和伦敦均设有印刷设施。一般公众视《卫报》的政治观点为中间偏左。《卫报》受到重视的领域包括世界主义观点、文艺报道和评论、外国通讯。与《泰晤士报》、《每日电讯报》同为英国三个著名的高级报纸。—译注

接下来是做“黄色标记”测评（图表 7.2）。在你的论文中，关键句是否出现在每段的开头部分？段与段之间是否存在有机联系？如果发现存在问题，则应做相应的修改。

图表 7.2 黄色标记测评法

“黄色标记”测评法可以帮助我们确定一篇文章的基本结构。通读全文，用标记笔标出必不可少的那些句子。这样一来，你就能得到一个精简得多但仍可以理解的版本。留下的都是“重点的”和“支持性的”句子——以及写作的基本结构。

留心一下这些句子所在的位置。如果大多数句子位于每一段落的开头，则表明文章结构是稳固的、易于理顺的。如果有一些段落中根本没有黄色标记的句子，就应该问一下：这些段落是否有必要存在？如果连续标记好几个句子，则也应自问：是否存在信息过载的风险？如果黄色标记的句子埋没于一个大段的中央，则应问一下：如果把这个句子放在段落开头，效果是否会更好一些？

现在我们开始做一个所谓的“故事画板”的练习，其中共有 4 个关键句。写下“引言”部分的第一个和最后一个关键句，再写下“讨论”部分的第一个和最后一个关键句（见图表 5.5）。在这些句子中，第一个句子是否为一个小型研讨式(mini-seminar）的句子（对主题的一般性介绍)？第二个句子是否为对研究工作的概述？第三个句子是否是对研究结果的概述？第四个句子是否总结了研究结果的意义——换言之，点明了要点本身？

图表7.3 “前6个单词”测评法

按照科研论文的惯例，一篇论文的第一个句子（起头句）提供了整个“故事”的背景，而非故事的概要。很多主流的期刊都信守这一惯例。不过，即便有这方面的限制，我们还是能够找到相当大的空间，让起头句变得更加（或者，较不）有趣。

你可以数出自己论文的前6个单词，藉此对文章的质量进行测评。为什么是“6”个单词呢？因为我们发现，即便存在很大的随意性，作者足以用6个单词确定主题，读者也足以在阅读6个单词后决定自己是否对这篇文章感兴趣。它有时也能揭示很多信息，这在下面的例子中也可以看出。

在有些文章中，前6个单词空洞无物或仅起衬垫作用——仅仅就是“清清嗓子”。删之并无大碍，如：

It has been suggested that up…

It is generally accepted that the…

There has been much discussion recently…

也有一些句子开头使用的是一些精确的、但并不重要的细节。其实这些可以出现在句子后半部分或置于段落内。如：

On 24 and 25 June 1995…

Since the late 1960s most public…

下面几个句子就要好得多了。本句（或本文）的主题鲜明地出现在起头句的开头部分。因此，它们能有效地吸引眼球、引发兴趣。如：

Wine has an ancient reputation for…

Insulin dependent diabetes develops on the…

Oral contraceptives have been linked with…

Most low birthweight babies have a…

利用“故事画板”，你可以了解自己是否正在讲述一个既简单明了又前后一致的故事：

Post-lunchtime amnesia is a problem……we did a survey……we found prevalence high……we need to do something.

千万不要脱离正题，不知所云，如：

The doctor-patient interface is very important… we looked at what food hospitals serve… we found high prevalence of post-lunchtime amnesia…afternoon appointments should start later.

通过宏观编辑发现的问题是非常重要的。但很多人都有意无意地忽视了，究其原因可能是因为调整标点符号的位置或重复语法书上的老生常谈要容易得多。不过我们最好还是耐心点：一旦你发现了一些“大”问题，并找到相应的解决之道，接下来你就可以专注于细节了。

微观编辑

遗漏（omssions）和错误（errors）

现在，我们可以核对一下事实，增加疏漏的内容。回到“原始材料”部分。死去的大鼠有1349只还是1347只？小数点有没有出错？（以剂量为例，任何小数点的疏失都是致命性的错误）所有的数字是否一致？7 + 5 + 12的和应该不是23，7在总数中占29.1%而非21.9%。那篇重要文献的作者是Smith，Smith和Jones（出现在第1147页），还是Smith，Jones和Smith（出现在第1174页）？

对这些细节的微观编辑需要十分专注。如果你的文章发表后被查出有一些本可避免的错误，那么，你之前所做的大量艰苦卓绝的工作可以毁于一旦。

许多期刊会提供核对表（checklist）。在微观编辑阶段，你应该认真阅读，确保自己完成了每一项。

拼写和语法

很多软件有拼写检查功能，应尽量使用之。费时不多，只需数分钟（而非数小时），你肯定能找出一两个尚未发现并且可能永远不会注意到的拼写错误。（例如，在上面的小标题中，我们故意在 omissions 这个单词中漏掉了一个“i”，你注意到了吗?）不过，拼写检查并不会提示你有一些拼写正确的单词出现在错误的位置，例如：Two bee whore knot too bee[注1]...

语法方面的问题就更多了。这在某种情况下可能是因为总会有一些人试图展示自己在语法上的优越感。他们总是严肃地手持语法“规则”（其实他们也是从学校里学到的）这根大棒，一旦发现有谁违规就会乐不可支地大叫大嚷。一般说来，这些规则仅限于以下几点：

1 不要把“And”或“But”放在句首

2 不要使用分裂不定式[注2]

3 不要用介词结尾。

不幸的是，对于这些批评家来说，许多当代的权威都说上述规则早已过时。《Good English Guide》是这样描述分裂不定式的：“如果你很在乎他人的观感，就不要使用分裂不定式。如果你更在乎的是用良好的、清晰的英语进行写作，你应该大无畏地分裂任何不定式，以便各单词自然地落位。”[8] Gowers 明白无误地在句首使用“But”，因为“原先的观点已经死亡”。[9]

[注1] 与之同音的是“To be or not to be”，是莎士比亚名剧《哈姆雷特》中男主人公的经典独白。——译注

[注2] 分裂不定式（split infinitive）是指“to”与动词之间加进副词的不定式。例如：The victorious army proceeded to cruelly and brutally kill and rape。——译注

我们不必盲从那些已经颇显陈腐的语法规则。如果我们恰巧没有上过一所讲授正规语法规则的学校，也不必觉得在教育程度或能力上就低人一头。无论如何，如果我们想让读者理解我们在说什么，遵守主要的语法规则还是有必要的。一种解决方案是使用带语法检查功能的软件包。不幸的是，这种软件运行起来通常费时很久；更要命的是，如果它一再提示你违反了某条你闻所未闻的语法规则，就更缺乏实用价值了。

我个人的建议如下：

- 购买一本短小精悍的语法书（见第 69 页的推荐读物）
- 向精通语法的朋友求助（但最好是一位语体学家，千万别找吹毛求疵的学究式人物）
- 仔细阅读自己写下的文字，运用常识判断是否有错。

当然，我想，对于下面这个句子中存在的语法错误，你应该能一目了然吧：

Having vomited all night, the doctor visited the patient with a bowl.

文风：理论层面

在英语写作中一直存在一个鲜明的传统：固执地将文风（style）同表现力（energy）、清晰度（clarity）和朴素性（simplicity）划上等号。从乔治·奥威尔[注]和威廉·索默斯特·毛

[注] 乔治·奥威尔（George Orwell，1903 年~1950 年），英国小说家、散文家、评论家。——译注

姆[注]到菲利普·霍华德和凯斯·沃特豪斯莫不如此。科学期刊的编辑们信守这些原则，而那些专门从事“科研写作方法”写作的人士自然也亦步亦趋。

约60年前，《The Lancet》的《稿约》写道：“每个句子应尽可能简单：除术语外，每个句子应做到能让所有受过教育的人一目了然。在科研论文中使用晦涩、华丽的词藻，既不利于明确表达作者的观点，也不利于将信息传播给忙碌的科研人员。”[10] 1996年，《成功的科研论文写作》（Successful Scientific Writing）一书的作者提出了类似的看法：“科研论文要想吸引读者，不是靠文字的修饰，而是靠内容的重要性。因此，最简单的文风往往是最有效的。这不是说你要避免使用术语……而是说你不要试图靠卖弄文笔来徒劳无益地向读者展示你的聪明和在学术界的地位。”[11]

每年都有不少持类似观点的书出版，且书中往往附有长长的、关于如何实现良好文风的要点列表。在我写作本书之际，类似的书还在源源不断地上市。在我看来，出版类似的指导书对于作者来说基本没有什么用。我觉得你不妨简单地自问自答以下三个问题。如果能处理好这些问题，就能极大地提高你的文章质量。

1 句子是否太长了？写作中最常见的问题是句子写得太长了。Fog测评法（图表7.1）建议，每100个单词构成4~5个句子比较合适（这并不是说每个句子的长度都是20~25个单词）。

[注] 威廉·索默斯特·毛姆（Somerset Maugham，1874年~1965年），1874年1月25日生于巴黎。他的喜剧受王尔德的影响较深，一般以家庭、婚姻、爱情中的波折为主题，其中最著名的剧本是《圈子》（1921）。他的主要成就是小说创作。代表作有长篇小说《月亮和六便士》等。1965年12月16日在法国病逝。——译注

如果一个句子的长度超过30个单词，你就应该检查一下是否哪儿出了问题。

一个常见的错误是以附属短语或分句开头，甚至两者兼用：

Since long term survival seems to be similar after initial resuscitation, whether this occurs in or outside hospital (81% over two years), any improvement in the success of cardiopulmonary resuscitation outside hospital would be beneficial.

其次是所谓“逆汉堡包”式的句子，肉在外侧，湿面包片夹在中间，导致整个结构遭到破坏：

The development of vaccines against infection with hepatitis B, initially by purification of the virus surface protein from the plasma of carriers and more recently via its synthesis in yeast by using recombinant DNA technology, has enabled the chain of infection to be broken.

最后一种情况是信息过载：

When only gastroscopy requests meant to exclude malignancy are tolerated, an adequate prediction model for peptic ulcer, or using a serologic test for further selection, not only helps by reducing the number of gastroscopy requests for other reasons, but also might support the decision to prescribe H2 – receptor antagonists before ordering further diagnostic tests.

在这种情况下，最好的办法是重新开始；也许你可以试着给同事打个电话，告诉他你试图表达哪些内容。有时候在酒吧或类似的社交场合进行交谈会很有帮助。

2 使用被动语态是否要优于主动语态？在用英语进行写作时，一个最佳的方式是用主语开头：

As concern about the impact of current economic conditions on public health was shown by a substantial number of epidemiologists, the main activity was still investigation of medical priorities in the light of a background of decreasing wealth and employment opportunities.

上面这个句子可以改写为：

Many epidemiologist were worried about the impact of current economic conditions on public health. They therefore concentrated on investigating medical priorities amid a background of decreasing wealth and employment opportunities.

《BMJ》前主编理 Richard Smith 曾明确表达过他对这两种语态的看法："科研论文写作的悲剧在于：对于整整一代年轻人来说，他们一开始是这样写作的：

The cat sat on the mat and Mummy is eating an orange.

然后他们被强迫以下列方式进行写作：

The mat is sat on by the cat.

以及：

The orange is being eaten by Mummy.

据说采取这种说法要更科学些。其实大家都不知道所谓'更科学'有何依据，但我猜测可能与科学的客观性有关"。[12]

他的言下之意是许多科学家仍坚持认为被动语态要更为客观。对于这个概念我本人难以认同。

The passive is preferred.

这个句子本身就有很大的问题：谁作出了"prefer"的动作？作者？作者及其好友？大多数人？很多人？显然缺乏明确性。下面这个句子采用主动语态后，意思就很明确了：

I prefer the passive，或 *Many scientists who were at school before the 1960s prefer the passive.*

3 文章中使用的长词是否可以替换为短词？长词并非才华的代名词。不少科学家觉得自己必须使用"approximately"来代替"about"，不过，我们决不能说后者"不够科学"。不妨举一个极端的例子。一个很简单的句子：

We would not have enough hospital beds if there were a major asthma epidemic.

可以被改写成如下形式：

Once a designated hospital is saturated, patients are diverted to supporting hospitals; but this option would not be available in a large epidemic of asthma if all hospitals in an area were affected.

解决之道是直截了当的：时刻对此保持警惕。为便于掌握，我列出了10个最常见的冗词和10个最常见的繁琐短语及其替代用词（图表7.4和7.5）。删减这些冗语是改进文风的第一步。

图表7.4　应避免使用的冗词及其替代用词

additional	more
approximately	about
assistance	help
elevated	raised, higher
frequently	often
following	after
novel	new
participate	take part
possesses	has
proliferation	spread

图表7.5　应避免使用的繁琐短语及其替代用词

affect in a positive way	benefit
a number of	many
at this point in time	now
due to the fact that	because
in addition to	also
in the event of	if
prior to	before
male paediatric patient	boy
upper limbs	arms
subsequent to	after

文风：实践层面

很显然，写作“专家”们所倡导的原则与作者的实际写作过程之间存在很大差距（图表7.6）。上述指南根本算不上严格，但如能切实应用，应该能让一篇文章变得更加平易近人、易于阅读。不过，我们在阅读期刊的过程中也经常发现，即便是如此基本的原则也经常被忽视了。

图表7.6　文字编辑

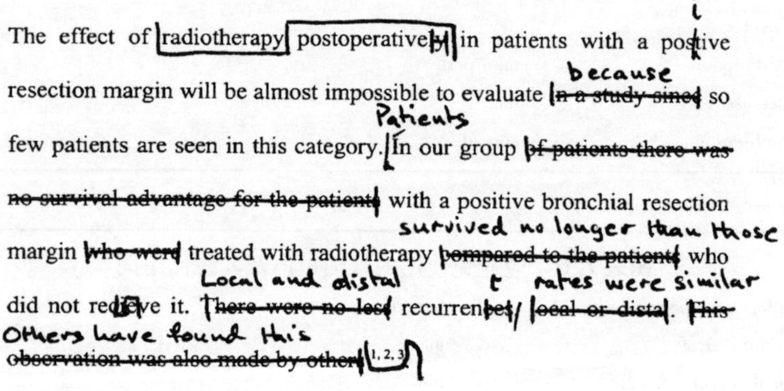
The effect of radiotherapy postoperatively in patients with a postive resection margin will be almost impossible to evaluate ~~in a study since~~ so few patients are seen in this category. In our group ~~of patients there was no survival advantage for the patients~~ with a positive bronchial resection margin ~~who were~~ treated with radiotherapy ~~compared to the patients~~ who did not recieve it. ~~There were no less~~ recurrences, ~~local or distal~~. ~~This observation was also made by others~~ [1, 2, 3]

对于缺乏经验的作者来说，这些改动颇令人困惑。来我的培训班上课的学员常常抱怨说，他（她）的确如我们所建议的那样，以简单的语词进行写作，可是教授却总是把文章改得面目全非，因为后者认为这不是一种“正确的科研论文写作方式”。

所幸的是，对此我们有简单的解决之道。就科研论文写作而言，文风并不是、也绝对不应该是我们表达个性的方式。（如果你想表达个性，去写诗吧。）科研论文写作只是我们彼此之间传递信息的途径。因此，所谓的文风，实际上应该是我们去选择那些最能把要点传递给目标读者的单词和结构。因此，要判断一种文风是否“正确”、是否“良好”，最有用的——也是惟一的——标准是询问这样一个问题：它是否适合目标期刊？

这反过来也就意味着你必须认真查阅目标期刊已发表的文章，分析其语言风格的类别及句子类别，然后以相同的文风进行写作。

这当然是比较合理也切合实际的观念。你可能很快就会发现，“文风”会成为你的同事和你的指导老师们展开角逐的主战场。他们会坚持认为他们的写作风格要“更胜一筹”。你写的东西肯定会被涂涂改改，并且有些改动未必就合理或有必要。在这时候，你要试着不要在一些细枝末节的东西上浪费太多时间。别往心里去就行了。

在阅读第8章前，你应该已经：

- 论文初步成形，可以征询他人的意见。

推荐读物：什么是“好的”文风？

Goodman NW and Edwards MB (2006) *Medical Writing: a prescription for clarity* (3e). Cambridge University Press, Cambridge.

关于“好的”科研论文文风的图书林林总总，其中多数属老生常谈。它们列出了长长的表格告诫作者要避免使用长句、冗词和被动语态。令人困惑的是，这些列表似乎并未起到应有的作用。我们每天总能看到大量已发表的文献是以很差的、甚至可谓莫名其妙的文风写就的。

有志于改进文风的作者应至少阅读一本类似的图书。我推荐《医学论文写作：清晰之道》（Medical Writing: a prescription for clarity)。该书现已出到第3版，新增了一些例子和练习。作者在书中基本无暇提及一些反复争论的问题，如科研论文是否应体现个性、长词是否要更科学些?

本书作者指出，“如果读者没有注射过足量的‘好文章’疫苗，差的写作方式就会产生‘传染性’”。他们提出了一些值得赞许的基本原则：

- 尽量使用自己熟悉的名词
- 使用短句和短词
- 至少邀请两个人来通读你写好的初稿
- 读一些有关英语语法和写作的书。

在第3版中，他们针对容易拼错的词、不准确的词、冗词繁语（从常用的“commence”和“administer”到更为复杂的孤芳自赏式用词“adumbrate”）增加了大量具体的建议。

这本书最有用的部分是那些可供读者改写的例子。对于有的例子，作者也提供了自己的解决方案。如：

At the junction of sutures and staples, however, a meaningful comparison was thereby available. Further, by randomization of the distribution, a more extensive appraisal of the scar segments could be made

作者把它改写为：

We could compare sutures and staples where they were next to one another, and increase the validity of the comparison by randomizing their distribution!

作者试图用“展示‘差的’写作来鼓励‘好’的写作”。很显然，他们做到了。好好享受这本书吧。也可为别人买一本。当然，如果你发现别人不仅忽视书中提出的建议，而且还振振有词地声称他们的写作风格与本书所主张的截然相反，那么，你也应该以平常心对待之。

（刘 玮 译）

第8章　撰写正文以外的内容

“把大块的食物切细，一口一口地吃，我感觉完全吃下也没问题。”

正文部分从第一个字到最后一个字都已经写好了。检查文章的版面设计，确保其符合目标期刊的所有要求。

现在开始着手撰写论文的其他部分，如标题、摘要、关键词以及参考文献。这有点像设计调味瓶的标签：只有在你对基本的原料感到满意之后才花时间来做这件事。

不过此项工作同样费时费力。把它们做好还需要几个小时，你最好事先留出相应的时间。

标题页

技术的发展已经很大程度上改变了（而且还正在改变）标题页的撰写。在十多年前，作者会把一些重要信息连同标题写在稿件的第一页（图表8.1）。虽然现在还有人这样做，不过大多数作者开始依靠电子手段输入编辑需要的各种信息。你可以参阅《稿约》，并按照上面的要求来做。《稿约》会规定作者需要提供的特定信息（图表8.2）。除了标题页，很多期刊现在要求作者填写一页利益冲突声明（图表8.3）。

图表 8.1　标题页

Prevalence of post-lunchtime amnesia among doctors in UK hospitals: results of a cross-sectional survey

Andrew W Smith MB BS[1], William AW Smith MD MRCP[1], Emily S Dupont BSc M Phil[2]

1 Department of Prandiology, New University of Middleshire, Middleshire, UK
2 Institut Alimentaire, Paris 23, France

Address for correspondence: Dr AW Smith, Room 321, Department of Prandiology, New University of Middleshire, Middleshire, UK

This research was undertaken with a grant of £100,000 from the Obecalp Foundation

Running head: Prevalence of PLA in UK hospital doctors

图表 8.2　对标题页的要求

- 标题
- 作者的姓名及工作单位
- 机构和部门的名称
- 免责声明（如果有）
- 通讯作者
- 关于单行本的声明
- 支持单位
- 栏外标题（通常不超过 40 个字符）
- 字数
- 图表数量

这是国际医学期刊编辑委员会（前身为温哥华小组）起草的《统一要求》所列清单的简化版。

www.icmje.org

图表 8.3　利益冲突声明

利益冲突声明有时显得很荒唐："格林博士曾经与开发糖果味安慰剂 Obecalp 的团队谈过话，他的妻子拥有该公司 100 股股票。"这些声明还可能被用来打广告：我曾见过一份利益冲突声明被用作免费折叠式书籍插页的。

尽管如此，利益冲突（有人把它委婉地称为"竞争性的"利益）声明极为重要。你是否从 Obecalp 生产商那里拿了很多钱（毕竟，有人得为研究买单）无所谓，关键是读者是否知情，并做出相应的判断。现在"透明"一词很流行。应一字不差地按照期刊有关利益冲突的指示去做。如果还存有疑问，征询编辑的意见：他们宁愿你事先询问，也不愿最后稿件因此而灰头土脸。

标题

或许是因为标题的字体很大，使它成为极度痛苦和煎熬的源头。作者们常常陷入恐怖的争吵，即便论文几乎从来不会因为其标题而被拒：如果编辑不喜欢，他（她）会改动，而且编辑确实也经常改写作者的论文标题。

问题是人们对好标题的标准还没有形成共识。《统一要求》给出了如下的建议："精炼的标题比长而复杂费解的标题易读。不过，太短的标题也缺乏重要的信息……"。这样说标题不宜太长也不宜太短，本身就语意不详，没有多少帮助。如果你翻阅大量期刊杂志，你会看到各种长度和风格的标题。有些编辑喜欢一串词语，如"The prevalence of post-lunchtime amnesia among doctors in UK hospitals"；有些编辑更偏好谜一般的短语："Postlunch dip"，或"One-thirty blues"；还有一些编辑则坚持标题中出现冒号，如"Post-lunchtime amnesia：results of a survey"；少数人中意用动词，如"More physicians than surgeons doze off after lunch"（图表 8.4）。

图表 8.4　六家期刊论文标题的特征

	主动动词	含冒号	少于 10 个单词	多于 20 个单词	平均单词数（标准差）
N Engl J Med	14	–	11	1	12.1（±3.8）
Lancet *	2	7	9	1	13.4（±4.1）
BMJ *	3	33	4	10	16.2（±4.1）
J Ped	9	12	12	6	13.6（±4.9）
Ped Research	23	5	7	5	14.3（±4.3）
Arch Dis Child *	5	4	26	–	9.8（±3.5）

* 总部设在欧洲的期刊

资料来源：自 1997 年 6 月 1 日以后发表的连续 50 篇论文

作者应该更实际一些。从他们的角度来看，编辑认可并不加修改的标题就是好标题。在你的正文写完之前，甚至根本不要去想如何写标题。首先研究你的目标期刊，然后写出符合这些期刊风格的标题。这个任务差不多要两分钟时间。如果你的共同作者开始建议明显不适合你们目标期刊的标题，向他们温和地说明你的标题更容易被接受的理由。

作者

列出每位作者的名、中间名首字母以及姓，还有他们的最高学位及供职单位。此外还要列出研究归属的机构和部门。这部分容易写。

在第3章我警告说作者身份是容易出问题的地方。在论文发表过程中，你会承受越来越多的压力，有些人把他们在研究和写作中起到的那么一小部分作用看作是成为论文作者的机会，从而可以增加他们简历的分量（图表8.5）。

图表8.5　署名丑闻

署名很快成为医学出版的薄弱环节。编辑对于何谓“作者”有明确的定义：在研究和论文的写作过程中有足够智力投入的人员。大学及其它科研院所的要求与此有些矛盾：应该尽可能多地捞取“论文分”。这自然而然会导致许多署名的作者其实根本就是冒牌货。在每次论文写作课程中，我都会听到一些恐怖的故事，人们把署名权作为礼物赠送，因为他们职业发展的需要或者因为某个教授觉得他需要展示一下权力。

这给医学科学带来了一个巨大的哲学问题：当人们明目张胆地在他们与数据的关系上弄虚作假（得罪了，不过事实就是这样）时，我们为什么还要去相信这些数据呢？

话虽如此，职位低下的作者没权没势，几乎不可能去加以矫正。他们该怎么办呢？最好的办法（正如第3章已经指出那样）就是尽量在论文写作开始之前就署名达成共识，这样万一有人半路想横插进来，其用意至少会显得有些太过明显，强迫获得署名也就变得更困难。如果这样做还不能阻止某些人的企图，那就大胆地把作者名单影印并根据要求分发。

你或许还会感受到来自作者排位的压力。《统一要求》中语气坚定的陈述其实没多少用：“作者的排位应该由所有合著者共同决定。由于顺序的指定有多种方式，不能简单去加以引申，除非作者做出了明确说明。”部分期刊现在要求作者陈述他们的具体工作，这样有助于清除冒名顶替者。

明确哪位作者作为通讯作者，哪位负责提供单行本。记住，论文从被接受到正式发表还得等上一段的时间。确保你的地址一直有效，如果你要在国外工作一段时间，提醒你的编辑。你绝不想使本来就很复杂的出版过程延误更久。

致谢

安特罗伯斯女士在本文的写作过程中协助进行了图书馆检索。把这一事实写进“致谢”部分是否有益于读者或促进科学的进展呢？这其实大可商榷。不过，欠的人情有时候还是要还的。如果可能，不如用一种不那么影响科学交流的方式来表达你的感谢吧，比如送一盒巧克力或者写一封简短的感谢信。

图表 8.6　对致谢的《统一要求》

所有参与但又不符合作者身份的人都应该被列入致谢章节，例如纯粹提供技术帮助者、协助写作者或者仅仅提供一般支持的部门领导等。编辑应该要求通讯作者说明他们是否在研究设计、数据收集、数据分析或者稿件起草过程中得到别人的协助，如果有，作者应该公布这些参与协助者的身份以及赞助过发表论文的实体。经济和物质援助也应该予以公布。

在物质上对论文有所贡献，但这种贡献不足以成为作者的群体应该列入“临床调查员”或“参与调查员”栏下，他们的作用或贡献应该描述为“提供了科学咨询”、“临床审核了研究计划”、“收集了数据”、或“提供并护理了接受研究的患者”。

简短的页眉或页脚

标题页的页脚不要超过 40 个字符（数字母和空格），它可以用来识别该论文。

摘要

摘要应该可以自成一体，例如作为文章的总结，单独在会议上宣读。摘要以前是科技论文的最后一段，后来被移到论文的前面，这样不仅可以吸引读者对论文的注意，而且也不用迫使他们去细细地看完全文甚至表格。摘要可以作为单独的“产品”出现在摘要期刊和电子数据库里。正因为如此，摘要必须准确反映整篇论文的内容。这个原则听起来显而易见，实际上很多作者并没有做到。一项广为引用的研究发现，六大期刊中18%～68%的摘要含有与原文不符或原文根本没有的数据。[13]

《统一要求》清楚地说明了对摘要的要求（图表8.7）。从写作的角度看，摘要应单独成文。制定一个大纲（见第3章），其中的信息要与文章里的一模一样，但长度不同。一旦拟定了大纲，则应从你的文章里收集信息用来撰写摘要。不要回到你原先的研究，也不要增加任何新的材料。

图表8.7 对摘要的《统一要求》

摘要（各种期刊对摘要的长度和格式要求各异）应该紧跟在标题页之后。摘要需说明研究的背景、目的、基本程序（研究对象或实验动物的筛选、观察和分析的方法）、重要结果（如果可能，给出具体的效应量和统计意义）、以及主要结论。摘要应该强调研究或观察中新颖和重要的方面。

完成信息收集之后则制定计划。查看目标期刊的《稿约》对摘要格式的要求，并可通过阅读已发表在该期刊上的论文来求证这些要求。如果他们喜欢结构式摘要（图表8.8），就给他们结构式摘要。

图表 8.8　结构式摘要

Prevalence of post-lunchtime amnesia among doctors in UK hospitals: results of a cross-sectional survey

Objective: To measure the cumulative prevalence of post-lunchtime amnesia in a representative sample of the consultant population of UK hospitals.

Design: Cross-sectional survey with an anonymous self-administered questionnaire centred on a factual description of post-lunchtime amnesia.

Setting: 68 hospitals randomly selected from 201 hospitals in the UK.

Subjects: 1193 consultants consented to the study and returned completed questionnaires.

Results: 192 (33.8%) physicians and 60 (10.9% surgeons) reported at least one episode of post-lunchtime amnesia in the past four weeks. The prevalence of cases of post-lunchtime amnesia 20.4% (116 cases) among physicians and 3.3% (18) among surgeons.

Conclusions: Post-lunchtime amnesia is a universal phenomenon and could have significant effect on health care.

有了计划,一气呵成写完摘要。这大概需要 10 至 15 分钟。等过了至少一个晚上，再去阅读，并与你的文章进行比较，补充必要的数据。根据要求调整文风：摘要通常使用被动语态。如果你的目标期刊更喜欢这种写法，就按这种写法来写。不必强求文风简单明了。

写好摘要以后，提炼出一些关键词（图表 8.9）。

图表 8.9　对关键词的《统一要求》

部分期刊要求作者在摘要之后提供能把握文章主题的 3 到 10 个关键词或短语。这将有助于索引编写者编写附录参照索引，也可能与摘要一起发表。要求使用医学索引中医学主题词表所列的词语，如果医学主题词表中没有合适的词语来指代新采用的术语，则可以使用现在的新词。

参考文献

严格说来，参考文献应该是正文不可分割的一部分，而不是附属的项目。你或许已选好了拟引用的论文，也收集了一份看起来蛮像样的列表。然而，你还得腾出时间来核对，再核对，最后有序排列（图表8.10）。

图表8.10　对参考文献的《统一要求》

尽管综述中的参考文献可以有效地引导读者获悉大量文献，但是综述常常并不能准确地反映原文。因此，读者应该尽可能地获得原始研究素材的直接参考文献。反过来，如果大量罗列有关某一主题的原始研究参考文献将过度占用印刷版面。少量重要原始论文的参考文献起到的作用与更为详尽参考文献列表相当，尤其是现在参考文献可以添加到发表论文的电子版本中，而电子文献检索使读者能更快速方便地提取已发表的文献。

避免用摘要作参考文献。已接受但尚未发表的论文应在参考文献中注明“待发表”或“已付印”。要引用这类文章，作者应该获得书面同意，以及文章已被接受但尚未发表的证明。如引用的论文已投稿，但尚未被接受，则应获得书面同意，并在文中注明“未发表的观察”。

避免引用“个人通信”作为参考文献，除非它能提供公共来源无法提供的关键信息。在正文中引用这类信息时，应在括号内写明人物的姓名及通信的日期。对于科技论文，作者应该获得个人通信所涉及人员的书面许可以及准确性确认。

作者应对参考文献的准确性负责。《统一要求》说：“参考文献必须由作者对照原始文件加以核实。”这里有一个大问题。一项针对美国四家皮肤病期刊的调查发现，在所有引用的参考文献中，约三分之一无法找到原文，三分之一没有论文作者所声称的陈述，只有剩下的三分之一很准确。[14] 该调查的作者有所保留地指出，这种现象对引用文章的整体行为提出了质疑。

检查你引用的论文是否起到它们应有的作用，即支持你文章的陈述。如果没有，你难道仅仅在擅提学术界名人以自抬身价？这绝不应该是使用参考文献初衷。即便你认为最好引用曾经发表在目标期刊上的核心论文，因为这至少显得有些连续性，你还是要确保这些文章与你的论文相关。

你应该读过你引用的文章，并确保你的引用与原文的陈述相一致。注意你正文中的引文数字与参考文献目录中的编号吻合，不要出现差错。

最后，替文字编辑呼吁一下，他们说整理参考文献不仅是他们工作中最糟糕、也是最费时的事情。因此你一定要按照《稿约》规定的格式来写。这不仅仅意味着单词要基本符合顺序，而且该是冒号的地方不要用逗号，反之亦然。现在有许多软件可以帮助你输入和校对参考文献，从而大大减少了这项工作的辛苦。不过，技术只能辅助，而不是替代传统的人工核对。

表格

你应该已经大致做好了图表。现在该检查这些图表是否与文章有关并有助于读者的理解。你还要确保这些图表符合出版的要求，并且图表的编号与文章中提到的编号吻合。

图表 8.11　对表格的《统一要求》

表格是信息的精炼概括和有效展示。它们可以根据需要控制信息的详细和精确程度。把数据放进表格而不是正文常常能缩短文章的长度。

将每份表格以双倍行间距输入或打印在单独页面。按照文章引用的顺序依次为表格编号，并为每个表格撰写一个简要的标题。表格中间不要使用横格线和纵格线。每一列有一个简短的表头。作者应该在脚注而不是表头中进行注释。在脚注中解释所有非标准的缩写。依次使用以下脚注符号：*、†、‡、§、‖、¶、**、††、‡‡。说明偏差的统计测量法，如标准差和均值的标准误。

每个表格必须在文章中提及。

如果你要使用别人已经发表或尚未发表的数据，需获得许可，并全部注明出处。

含有太多后备数据以至于无法通过印刷发表的其他表格或许可以发表在期刊的电子版本上、储存在档案中或者由作者直接给读者。在这种情况下，文章中应该添加一句恰当的陈述。把这些表格与论文一起提交，以供审稿专家参考。

撰写图例：《统一要求》对此有总的指导（图表8.12）。研读目标期刊的《稿约》，看看其具体要求与《统一要求》是否有出入。

图表8.12 对图表图例的《统一要求》

在单独的页面用双倍行间距输入或打印图例，用阿拉伯数字标注相应的图表。如果使用符号、箭头、数字或字母来指示图表的某一部分，在图例中对每处指示进行清楚说明。对显微照片要说明比例尺的大小以及染色方法。

投稿信

在稿件还是通过包裹邮寄的年代，所谓投稿信就是随稿件寄送、给人留下第一印象的信函。现在电子提交引出了多种情况：有的期刊允许你保留自己的信笺抬头和格式（以PDF格式提交）；有的会把你的信变成毫无格式可言的一堆词语；还有少数期刊甚至根本不要求提交投稿信。

至于这些投稿信到底有什么用处，部分编辑说他们在看文稿之前会先看信，以了解作者如何看待他们研究的重要性。还有一些编辑说他们对这些信置之不理。（对此我不敢完全苟同。有一位编辑曾告诉我教的一群学生说编辑们从来不读这些信。可几个月以后，聚在一间屋子里的四分之三的编辑都说他们不仅要读投稿信，而且还认为它们很有用。这位编辑也在场，看到她当时的窘态我心里直乐。）

如果你确实有机会用信函来表达自己，不妨假定编辑会读你的信，认真把信写好吧。一封高质量的投稿信将使你的论文顺利进入后续环节，而拙劣的信只会加速被拒（图表8.13和图表8.14）。

图表8.13　致编者的信：糟糕的例文

5 Railway Cuttings
Lower Town
Midshire UK

Dear Sir/Madam,

Please find enclosed one paper on our recent survey. I am sure you will agree it is very interesting indeed.

It is a very important paper, the first to discover the prevalence of this condition.

I am an avid reader of your journal.

Thank you in advance.

AW Smith

图表 8.14　致编者的信：较好的例文

Department of Amnesia
University of Wherever
Midtown
England KK8 4LL

From the Professor of Prandiology

Dear Professor Jones,

Prevalence of post-lunchtime amnesia among doctors in UK hospitals: results of a cross-sectional survey

I have pleasure in submitting the above paper for your consideration.

In the last 12 months you have published two papers, one of which came from our team, outlining the devastating effect of individual cases of post-lunchtime amnesia. Our results are the first to show the prevalence of this controversial condition.

I confirm that this article has been read and approved by all the co-authors.

Yours sincerely,

AWS　　W.A.W.S　　ES Dupont

AW Smith　　WAW Smith　　ES Dupont

一封好的投稿信能清楚地说明三件事：

- 你是谁
- 你提交的论文是什么
- 你的论文为什么值得发表

从某种意义上来说，发表论文的过程也是一个让编辑对你的认可度大幅提升的过程，因此，你必须尽快树立你的良好形象。信件的外观和遣词造句同样重要。使用合适的有抬头的信笺纸，这说明你是某一部门的成员，抬头或许还能提供额外的信息，如部门领导等。这些正面信息有助于让编辑对你产生信任。

信的正文部分要布局清晰。沟通高手们早就指出，使用的字体以及字体的使用方式都对我们信息的传达有影响。页边距很窄的信可能被认为来自不友善的人（当然这不公平）。使用灰色字体的信被认为很乏味。相反，白色页边距宽并带漂亮黑色字体的信通常被认为其作者做事井井有条、值得信赖。

注意细节。称呼编辑的姓名。你可以通过仔细查阅期刊上的详细信息轻松获得编辑姓名。不要把编辑的姓名拼写错误或把他（她）的头衔搞错，这是对他（她）的侮辱。

把论文的标题放到信的开头，并在信的正文里再加以解释。记得使用动词，这样编辑能清楚地知道信息的内容，而不仅仅是主题。如果你能巧妙地说明论文值得发表的理由，那将大有好处。不要粗鲁地说什么是时候让编辑出版一些高质量的论文了。也不要自作聪明：如果你说你长期以来一直很欣赏他们的期刊，编辑不会对你有好印象。不要行贿。不过，你可以说这家期刊已经发表了多篇有关这个主题的文章，而你的论文为这场辩论提供了一个上佳的答案。

《稿约》中提及的一些法律方面的要求也可在投稿信中加以回应。例如，你可以在信中声明，稿件已经全体作者的审阅和同意。此外，你还可以借助这封信来澄清一些对你的论文有长久影响的事实，比如潜在的利益冲突（如果在论文的其他地方没有说明）或可能的重复发表。如果论文已经以另外一种语言发表过，你就可以利用这个机会告诉编辑。这样做绝对符合伦理，而且编辑也可以在知情的情况下作决定。如果你不声明，人们通常会认为你在刻意隐瞒，属于行为不当。

> 在阅读第九章之前，你应该已经：
> - 写完了一篇科技论文正文以外的内容
> - 起草了一封规范且能打动人的投稿信。

推荐读物：核对细节

Fraser J (2008) *How to Publish in Biomedicine: 500 tips for success* (2e). Radcliffe Publishing, Oxford.

Hall GM (ed.) (2003) *How to Write a Paper* (3e). BMJ Publishing Group, London.

在本书中，我一直倡导这样一种观点：写作的最好途径就是“大思维”— 敢冒风险，大刀阔斧地写，忽略各种似乎阻碍你的障碍。不过，这种创造性发挥结束之后，你就必须开始辛苦地核对，再核对，并加以润色。现在出版的很多书籍用一系列指示明确的检查清单来阐述主题，我们可以充分利用这一点。

Jane Fraser 在一本遵循英欧传统的书里用 190 页提出了“成功发表的 500 条建议”，涵盖的内容从科技论文各个部分的撰写到写作的清晰流畅和有用的网址，不一而足，信息十分丰富。例如，在有关表格的 31 条建议之后紧跟着就是 11 条“审稿专家核对清单”：“表格与期刊的风格是否相符？……每个表格是否处理一个具体问题？……”正如书中所说，这本书“旨在回答有关科技论文写作中最常见的问题，帮助你避免出现频率最高的错误”。

Hall的书同样提供了大量科技论文的信息，不过不是通过问答，而是以文章的形式来写的。其中许多作者都是（或者曾经是）临床医生和编辑，他们阐述的观点涉及论文写作的各个环节，比如论文的四个部分、标题以及参考文献。他们文章最吸引人的地方在于有关编辑态度的论述，而不是实际的建议（这些建议往往很空洞，诸如“注意简短和相关”）。书中对于标题有个很复杂的四步策略（而我认为标题写作在合适的时候只需要一分钟）。

另外还有一群撰稿人是各种类型的职业出版者，他们的文章谈论到电子提交、风格、伦理等，第3版新增了开放存取（“……提供不受限制的在线获取科技文献，以便人人都能利用而不需付订阅费、网站授权费以及单篇文章阅读费等。”）。

最后提醒一句：阅读此类书籍可能成为不实际开始写作的绝妙理由。我建议你在完成初稿之前不要看这些书。

（蔡和兵　译）

第9章 使用内部审稿专家

“应该给我的老板上一堂课，教他如何有效地与作者相处。”

推敲，再推敲

这可能是本书里最简短的一章，但它涉及的过程通常是最漫长和最痛苦的。你已经历了种种考验：对手头的统计数据感到束手无策，为了从堆积如山的参考资料中选择所需要的内容而绞尽脑汁，为数十个棘手概念做出确切解释苦恼万分。现在，当你的文章即将问世，好比你把美丽的孩子带到世上一样，人们却要千方百计地吹毛求疵，但这些看似与你作对的人却正是你的朋友。

别忘了你的目标：发表论文。来自他人的好建议将是非常宝贵的，甚至是必不可少的。然而，你得到的建议未必一定好，甚至可能降低你文章发表的机会。该怎样处理这种矛盾呢?

内部审稿过程有自愿和被迫两个阶段（图表9.1）。在自愿阶段，应该邀请你认为能提供有价值意见的人。在这一阶段，你可以自由选择你认同的评论。接下来是被迫阶段，对于看你稿件的人给出的意见你不得不听。这些人是合著者或“老板”。你的任务是聆听，对他们提出的建设性意见予以接受，但是当他们试图强行改变你的文章，并且这些改变在你看来会降低文章的发表机会时，你要与他们协商。因此，在第二阶段，协商能力比写作技巧更重要。

图表 9.1　修稿和审稿

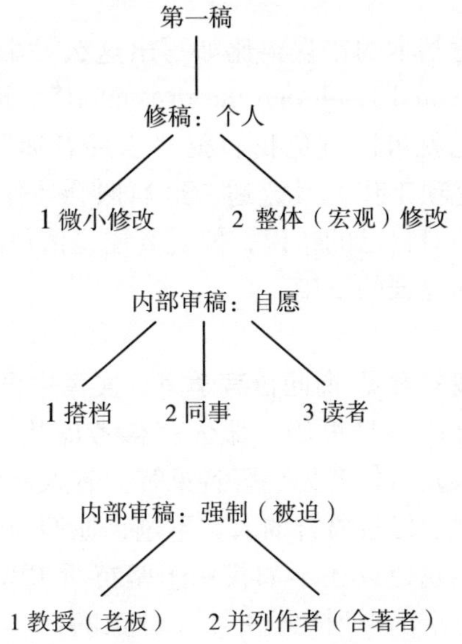

自愿审稿

我们对待审稿的方式是让这一阶段变得如此不愉快的原因之一。我们会把文章给一些同事看，并且笼统地问："有意见吗"？这是在自找麻烦，因为在他们看来无话可说就是最大的失败。于是，他们用铅笔在文章上做出数十个标记，每个标记都深深地刺痛你的心，显示出你的不足和学识匮乏。

谨慎选择要邀请的人并明白邀请他们的缘由。你大致需要四种不同类型的反馈意见，因此，你应该至少选择每人问一个问题。并且，明确告诉他们你到底需要他们给出何种反馈。

第一种类型的意见 询问局外人：你能发现一些低级的错误吗?

我们都会犯基本的错误，比如写出这么一个句子：The doctors did all they could to elevate the discomfort”。因此，稍有常识的人的反馈意见就可以避免我们犯“当局者迷”的错误。让我们的搭档来做这项工作尤其合适。这当然会使作者心里不舒服，因为他们必须面对自己的错误，但受委屈是值得的，因为它可以防止一些可怕的错误的发生。

第二种类型的意见 询问语言学家：文章中语言应用恰当吗?

如果你的母语不是英语，那你就得考虑找人帮你把把语言关。至于找什么人，仁者见仁智者见智。有人建议找专业的语言学家，比如在大学修过语言的人。不过，他们的的语言知识可能已经落伍，因此我建议还不如找一个坚持听 BBC 广播的人。这样的人至少要能指出下列句子并不十分正确：

- she was cycling from Menarche onwards
- the apparent islands are in reality branches of a richly arborising tree-like structure.

不过，也要从另一个角度来看问题。正如 Bill Whimster 所说：我认为编辑不会对一篇（语言表达较弱的）文章怀有偏见，除非文章内容不知所云，或者从信息、创新性、重要性或适合度方面来说，文章已经没有在该杂志发表的价值。[15]

第三种类型的意见 询问同事：文章是否有重大疏漏或逻辑上的缺陷?

在这一阶段，尽量避免把你的手稿给学科泰斗看，给你审稿不可能排进他们满满的议事日程表，否则何以突显他们是世界上最伟大的炙手可热的专家？在此阶段你只需要知识水平与你相当的人，他们可以为你指出文章中可能出现的任何重大差错，如观点上的某个逻辑性错误，或你未曾注意到的一篇重要文章。

第四种类型的意见 询问另外一个同事：如果你是审稿专家，有何高见？

我认为最好是询问杂志的编辑或审稿专家而不是读者。如果你知道哪些人曾经做过任何有关审稿的工作，可询问他们若收到该稿件，有何评论。

强制性审稿

现在，你必须要玩一个完全不同的游戏，这就是强制性的内部审稿。在此阶段，协商能力是最关键的。

合著者可使你陷入困境。最糟糕的情形是，他们本指望你写出完全不同于此稿的文章。正如在第3章中建议的那样，减少这种纠纷的方法之一是，在写文章之前，把文章的大纲给要所有合著者看，并确保他们同意。这样，在发生纠纷时，你们至少在某些方面还是有共识的。

即使你能让他们同意文章的信息和适合投稿的期刊，但合著者仍然会对格式说三道四，颇令人头痛。例如，他们会固执地让你采用某种格式，而事实上据你调查这种格式根本不适合目标期刊。在这种情况下，你唯一能做的就是用事实说话，并且在陈述观点时尽可能不掺杂个人情绪。

专家也可使你陷入困境。例如，你仔细研究了目标期刊，发现它更倾向于使用短词和主动语态，可专家们却认为这样的写法不科学，并逐一加以更正。碰到这种情况你该怎么办呢？原则上，最好的办法是与之协商而不是争辩或者生气。你要指出目标期刊采用的是何种体例格式，并以该期刊为证。你可能无法在争论中赢得胜利，但至少你尽力了（日后当你成为一名教授时，记住不要犯同样的错误)。

你不可能是常胜将军。如果你是第一作者，那么从理论上来说，决定权在你，但如果你只是一名初出茅庐的医生而审稿人是一位资深教授，那所谓决定权就真的只能是纸上谈兵了。在这一阶段，我们所能做的无非是把对文章的损害降到最低限度。

在阅读第10章之前，你应该已经能做到：

- 广泛听取他人意见，择优采纳
- 避免他人对文章的发表造成严重干扰。

推荐读物：听取专家意见

Winokur J (ed.) (1999) *Advice to Writers*. Pantheon Books, New York

如果你已经做到这一步，那就可以称自己为作家了。此时不妨阅读此书，它不但能愉悦身心，还可帮助你提高写作水平。该书精选了400多条摘自自传、日记、书信和书籍的建议，可谓来自于作者、服务于作者，其内容从代理商和人物到作者的生活和写作建议无所不包，共分为36个部分。

其中的一些，如关于代理商和对话的章节可能与科研论文写作无关，但书大部分内容是有帮助的。例如，John Berryman 对待批评的豁达态度让大家感到欣慰：“我建议培养对赞美和责备极端漠视的态度，因为赞美使你虚荣，而指责使你自卑，两者对作者都不利”。还有 James Thurber 说：“不求写得好，但求写出来。”或者，正如 TS Eliot 所说的：“怎么样都行……就是别长痔疮”。

关于文风的好建议在这个阶段也是有用的。“好的文风首先必须是清晰的，它绝不能低于或高于主题的地位，它必须是得体的”（亚里斯多德）。“如果你想说点什么，请确保所说即所想，因为我们常常言不达意”（EB White）。或，“通读自己的作品，如果其中有一段美轮美奂，不如一删了之”（Samuel Johnson）。

还有一些关于细节的建议支持书中的许多观点。例如，“短词最好，短的老词更好”（Winston Churchill）；或，“别太拿连字符当回事”（Sir Ernest Gowers）。

（刘　艳　译）

第10章 打包发送

“我按您教我的规则参加了这场游戏，我赢了……您可能也已注意到了，我的英语水平还是很有限，但这已经不会对论文的发表构成障碍了。”

最后……

把所有各部分组装好。你自己留一份底稿（最好留两份）；须知在出版这个广阔天地里，所有可能会被放错地方的东西最后都是会被放错地方的。最后再核对一次（图表10.1），然后登录目录期刊的网站，开始投稿。如果你还在用“老方式”投稿，那就把所有材料塞进牛皮信封，核实地址，然后贴上邮票放进邮筒。

图表10.1 最终核对表

- 投稿信，由所有作者签名
- 文章原件和复印件

  标题页

  摘要

  正文

  参考文献

  表格

  图注
- 图片，已正确标注
- 患者知情同意书；如复制已发表的材料，应有相应的授权书
- 版权协议

接下来你就得以一种焦虑不安的心情等待“他们的”决定了。这段时间很难熬，你不妨去渡个假，最好是关掉手机去泛舟。

进入黑洞

你应该很快就能收到一封收稿确认信。不过，这封信只是告诉你论文已经平安抵达，至于能否发表尚属未知数。

在未来数周内，你的大作看来已经坠入一个巨大的黑洞。不过，虽然你看不到任何动作，它并不意味着你的稿件已被忽视了。会有一个成熟的（通常也是运作顺畅的）流程来接收和评估你的稿件。不妨想一想其中的比例关系：你的论文代表了你数个月来的艰辛工作，但对于期刊编辑部的员工来说，这只不过是他们每天收到的众多稿件之一而已。

编辑要花大量的时间，确保其控制的审稿制度能给作者一个公平的“听证”。如果你投稿的对象是一家大型的综合性期刊，它可能首先会安排一名在医学领域具备一定资质的人员来预处理你的稿件。他（她）在初步阅读稿件后，决定是否直接退稿（因为毫无录用希望）或允许稿件进入审稿制度的下一程序。如果你投的稿件没有迅速回来，这就是好消息：它至少跨过了第一道门槛。

接下来稿件便会送给两名专家审读。他们在对稿件进行评估后将其退回编辑部，随后稿件将又回到作者手里：一种结果是直接退稿，另一个结果则是退修（作者对文章作出某些重大改动后再投往编辑部）。随后，编辑部会召开一个选题讨论会，与会者除审稿专家外有时也会包括一些执业医师。[《BMJ》颇为自负地称之为“选拔委员会”，这是效仿皇家学院（Royal Academy）的称呼。] 编辑把每一篇心仪的论文展示给委员会成员，并加以说明，然后大家评头论足一番。到了这个阶段，委员会一般来说都会同意文章发表，但编辑有权对大家的意见施加影响。正如第 1 章所提及的那样，编辑要比任何一名作者承担着更为宽泛的职责。专科性期刊也有着类似的审稿制度。

退稿之后怎么办

几乎每位作者都有过被退稿的经历。如果你也惨遭退稿，请尽量表现得成熟些。擦干眼泪，暂且把退稿信搁置数天，然后着手处理“后事”。

你可能会把退稿归咎于审稿制度本身就有问题，但这毫无益处。你应该为投稿失败负起责来；当然了，你最好问问自己“为什么这一次我的市场营销失败了”，而不要自怨自艾地问“为什么我是个可怜的失败者?”

审稿制度的一个优越之处是它经常会提供退稿理由。批评意见公允吗？你能答复吗？你是否考虑要进行申诉？如果退稿信是这样写的：“我们很高兴地阅读了你的文章，但我们觉得目前它不能被纳入我们的优先发表计划……”，那就不必申诉了。认真体会退稿信的字里行间所表达的意思，你会发现这仅仅是一个价值判断的问题。申诉的惟一前提是：你要比编辑们更了解他们所从事的工作。申诉既不可能赢得友谊，也很难争取到发表机会。

另一方面，你可能会觉得（而后来的事实也证实了这种感觉）审稿人可能错误地解读了你所表述的内容。在这种情况下你完全有权进行申诉，不过一定要注意礼貌。不要在给编辑的信中责备他（她）挑选了一个白痴来做审稿人。申诉信要体贴和善、要有礼貌，清楚地表明你为什么不同意审稿人的观点以及你的证据是什么。有时候，你的申诉是会获得成功的。

当然，常见的做法是另投他刊。不要简单地重新打印一封投稿信，只是把给《NEJM》的编辑写的信改头换面改成《致 < Transylvanian Annals of Left Handed Surgery > 编辑的一封信》。你应把自己的作品认真地重新检视一遍。你的新市场是什么？你所要传达的信息是否与之密切相关？换言之，你应该回到第3章重新开始。这次相关进程肯定要快得多。一个令人振奋的事实是：大部分被退稿的论文转投他刊后都获得了发表的机会。

在与编辑和审稿人打交道的过程中，一定要注意设身处地地为对方着想。这有点像医患关系，只不过这次你扮演的是患者的角色。经历过噩梦的患者和经历过噩梦的作者之间存在惊人的相似性：拒绝承认自己犯下的错误、固执、不愿听取他人意见。

当然，在各项研究任务中，总会存在某篇论文肯定无法发表的可能性。那么，何时你才能确定该停止无谓的投稿了呢？答案相对来说比较直接：如果你从不同的审稿人那里获得的都是相同的退稿理由，而你又无法满足他们的要求，那么，这篇论文的命运就到此为止吧！你可以把精力投入其他论文了。

稿件被接受之后

你已经受够了乌云密布的日子。终于有一天，云开雾散，你的论文到达了胜利的彼岸，被某家期刊接受了。当然，这可能只是通过资格预审的"接受"，即所谓的退修。在编辑和审稿人的潜意识中，他们觉得自己如果不提出批评意见，就是一种不胜任的表现。他们会在回信中提出明确的表示（有时甚至是信誓旦旦的承诺）：如果你能根据他们的建议作出修改，他们就会发表你的文章。此时，你应尽快作出修改。我曾经遇到过一些作者，他们误以为退修就是退稿，因而错失了发表文章的大好机会。

在你的论文进入发表流程后，你可以开始庆祝了。但即便是在这个阶段，仍应注意可能存在的一些陷阱。

应警惕"重复发表"问题。有些期刊拒绝发表已在他处发表过的任何论文。一个噩梦般的情景是：你的论文正准备由某家期刊发表，而与此同时你想在某学术研讨会上发表一次演讲。参加研论会的可能还有一位供职于某大众传媒的记者，他认识到你的演讲的重要性；出于职业敏感，他全面报道了你的演讲内容。在这种情况下，你的论文即便已被接受，仍存在被退稿的风险。最佳的解决之道是提前与你的编辑取得联系，并把相关的情况告知他（她），这样一来就应该不会有太大问题。

很快，你会收到一份清样。如果它与你原先的稿件相去甚远，不必感到惊讶，因为每家期刊社都聘有专职编辑和外聘编辑，专门从事文字编辑工作。他们肯定会认真检查稿件。他们只要有时间（不过现在越来越多的编辑声称自己时间很紧），就会对文体作出修改，使之适合其目标读者的阅读品味。

你应信任他们的判断力；通常他们都是富有经验的编辑，并且更加了解读者的具体需求。所以，你不必对自己太过于强调自己所写内容的“知识产权”，在任何情况下都不要逐词逐句地去争辩自己的版本要更加出色。

当然，也不是说你拿到清样后读也不读就束之高阁。认真检查一下准确性。查找明显的拼写错误。核对数字。核对剂量。检查人名和书名。确保你满足了所有的截止日期。

文章正式发表之后

现在，可以把一切烦恼抛诸脑后了。你已经成为一名正式发表过论文的作者了！享受这一经历。这是你应得的。

不妨稍事休息，然后盘算一下你是继续救死扶伤，还是从头开始，为下一篇论文做准备？

> 我们的书就到此结束了，你也已经成为一名正式发表过论文的作者了。好好庆祝一下吧！

（林东涛　译）

参考文献

[1] Lock S (ed.) (1991) *The Future of Medical Journals*. BMJ Publications, London.

[2] Altman LK (1996) The Ingelfinger rule, embargoes and journal peer review, Part 2. *Lancet*. **347**: 1459–63.

[3] Dyer O (2008) Psychiatrist admits plagiarism but denies dishonesty. *BMJ*. **336**: 1394–5.

[4] Court C and Dillner L (1994) Obstetrician suspended after research inquiry. *BMJ*. **309**: 1459.

[5] Parry J (2006) Korean cloning studies were fakes. *BMJ*. **332**: 67.

[6] Klauser HA (1987) *Writing on Both Sides of the Brain*. HarperCollins, San Francisco.

[7] Gunning R (1971) *The Technique of Clear Writing*. McGraw Hill, New York.

[8] Howard G (1993) *The Good English Guide*. Pan Macmillan, Basingstoke.

[9] Gowers E (1996) *The Complete Plain Words* (3e). (Revised by Greenbaum S and Whitcut J) The Stationery Office, London.

[10] The Lancet (1937) *On Writing for The Lancet*. Supplement to edition of 2.1.37.

[11] Matthews JR, Bowen JM and Matthews RW (1996) *Successful Scientific Writing*. Cambridge University Press, Cambridge.

[12] Smith R (1996) In: *Short Words* (newsletter of TAA Training). TAA Training, Leatherhead.

[13] Pitkin RM, Branagen MA and Burmeister LF (1999) Accuracy of data in abstracts of published research articles. *JAMA*. **281**(12): 1110–11.

[14] George PM and Robbins K (1994) Reference accuracy in the dermatologic literature. *J Am Acad Dermatol.* **31**(i): 61–4.

[15] Whimster WF (1997) *Biomedical Research: how to plan, publish and present it*. Springer-Verlag, London.